分寸

跨越社交圈层的底层逻辑

牛克锦 著

文化发展出版社
Cultural Development Press
·北京·

图书在版编目（CIP）数据

分寸 / 牛克锦著. — 北京 ：文化发展出版社，2023.12（2024.4重印）
ISBN 978-7-5142-4169-3

Ⅰ. ①分… Ⅱ. ①牛… Ⅲ. ①人际关系－通俗读物 Ⅳ. ①C912.11-49

中国国家版本馆CIP数据核字(2023)第219764号

分寸

牛克锦 著

出 版 人：宋 娜
责任编辑：周 蕾　　责任校对：岳智勇
责任印刷：邓辉明　　封面设计：宋晓亮
出版发行：文化发展出版社（北京市翠微路2号 邮编：100036）
网 址：www.wenhuafazhan.com
经 销：全国新华书店
印 刷：三河市天润建兴印务有限公司

开 本：710mm × 1000mm 1/16
字 数：190千字
印 张：15
版 次：2024年1月第1版
印 次：2024年4月第3次印刷

定 价：52.00元
I S B N：978-7-5142-4169-3

目录

篇一

温：入世的仪态与修养

篇 二

良：处世的礼仪与规矩

篇　三

恭：做事的标准与内涵

篇　四

俭：行事的分寸与节制

篇　五

让：共事的智慧与风度

篇一

温：入世的仪态与修养

第一章

近而不乱：
保持距离感，是对别人起码的尊重

生人不逾矩，熟人不过界

中国人向来讲究分寸，在与人交往之前，我们都会在心底设定界限。它虽然无形，却不容小觑。比如，我们会通过衡量彼此之间的关系，决定将对方纳入哪个圈子。面对生人和熟人时，我们会保持不同的人际距离，选择的相处方式也略有不同。

不过，有些人的个人空间会宽广一些，朋友圈可以容下更多的人，他们总能快速地和他人打成一片。就算和TA认识没有多久，你也会有种TA已经是你多年好友的错觉。这类人，我们称为“自来熟”。

“我”和“你”迅速变成“我们”，很大程度上是“自来熟”的“功劳”。擅长“自来熟”的人，不仅和他人的关系好，而且身边也经常好运不断。难怪不少人将“自来熟”视为一项必备技能，不管自己是否天生具备“自来熟”的本领，都渴望能扮演“自来熟”的角色，让自己在社交中更讨喜。

可是“自来熟”的问题也会让人很头疼，因为见人就亲近，容易出现人际关系的越界。更准确地说，“自来熟”的人往往因为没有保持合适的人际距离，没有严格地按照人际交往的流程，常常让人感到有唐突和冒犯之感。尤其是遇到性格慢热的陌生人，你的“自来熟”对他来说，就是一种痛苦的煎熬。

最近，陈弦就不幸碰上了一个“自来熟”的邻居。

上个月，陈弦刚刚搬到新家，东西还没有整理好，对门的大姐就探出头，盯着她看：“姑娘，你是新搬来的吧？以后我们就是邻居了，有事说一声，别客气啊！”

陈弦感动于邻里间的和睦，赶忙笑着说了几次“谢谢”。

一会儿，“咣咣咣”地响起了敲门声。陈弦打开门一看，是对门的大姐，她说要进来看看。她在屋子里转来转去，不停地说着：“年轻姑娘就是爱美，屋子收拾得好漂亮。这房子是你买的，还是租的？”

听说房子是陈弦买的，大姐啧啧称赞，并询问：“你在哪儿工作？一个月赚多少钱呢？”讲到她在一家琴行当老师时，大姐的眼睛亮了：“那你教教我家姑娘呗？”

“我们琴行不远。”陈弦建议道，“您可以带孩子去琴行报名。”

“琴行肯定贵，我找你就行。”大姐毫不客气地说，“你每天挤一个小时就好，咱们也算熟人了，以后免不了需要互帮互助，你要能免费最好不过了。”

陈弦在朋友面前抱怨，刚刚认识几分钟能熟到哪里去？原以为碰到个平易近人的邻居会相处得挺和睦的，没想到她居然这么不客气，丝毫不考虑自己，也太不拿自己当外人了吧？

心理学研究发现，让我们烦恼的，往往不是冷漠，而是热情过度，缺少了边界和距离感。

太宰治在《人间失格》中说："所谓的热情，就是无视对方的立场。"那些"自来熟"的人之所以不招人待见，往往就是因为他们没有掌握好人际交往中的界限，没有保持既定的人际距离，分寸拿捏不当，给他人造成种种困扰。

虽然一定程度上说"自来熟"是感情的"催化剂"，但初次见面就表现出非同寻常的热情，在双方并不了解的情况下，这种热情很容易造成其中一方的尴尬。尤其是在现代社会，大多数人比较讲究个人空间，拥有较强的私人领域意识，即便和熟人相处，也会保持一定的社交距离，更不要说完全不了解的陌生人了。陌生人的"自来熟"，往往更可能让人心里产生警觉，有所戒备。

人与人之间的相处是需要距离感的，这是对彼此的一种尊重。简单来说就是，生人不逾矩，熟人不过界。

当彼此还是陌生人的时候，想要培养感情，讲求循序渐进，毕竟任何一段稳定的关系，都不是短时间内就能建立的，"欲速则不达"的道理我们都应该明白。如果为了钻营取巧而努力塑造出一副热情的样子，寄希望依靠所谓的"自来熟"换取别人的信赖和利益，那不过是熟得了一时，熟不了一世。真正的朋友，往往不是第一面的亲密与否所能决定的。正所谓路遥知马力，日久见人心，讲的就是这个道理。

即使熟人相处，也需要保持距离感和边界感。哪怕是父母与子女、丈夫与妻子之间，也应当保持合适的私有空间，不贸然入侵他人的个人空间，这是起码的礼仪，也是必要的分寸。

切记，生人不逾矩，熟人不过界。牢记这条规则，与人相处，才能让彼此都感到舒服自在。

保持一点距离感，是尊重也是保护

人与人之间最亲近的距离是什么？是亲密无间吗？是不分你我吗？答案或许并非如此。

两只刺猬因为寒冷凑在一起取暖，但因为各自身上都长着刺，所以，如果靠得太近，就容易刺伤对方，但如果离得太远，却又无法达到取暖的效果。几经折腾之后，两只刺猬终于找到了合适的距离，既能温暖对方，又不至于被对方身上的刺所扎伤。这个“合适的距离”，其实就是人与人交往时的理想距离。在心理学上，这种现象被称为“心理距离效应”，也叫作“刺猬定律”。

每个人其实都像刺猬一样，需要温暖和陪伴，但同时也需要一个不容他人侵犯的空间。与人交往，并非越亲密越好，即便两个人情谊深厚，也要注意保持距离，把握分寸，否则反而可能给对方造成伤害，让珍贵的情谊蒙上阴影。

姜娜和刘艺是一对好闺密，关系非常亲近。两人从小就是邻居，小学、初中、高中又在同一个班级，还做过几年同桌。她们大学虽然上的不是同一所学校，但依然在同一个城市，距离也不远。每个周末，她们几乎都会约着一起逛街、吃饭。不管是姜娜还是刘艺，都把对方当作自己最好的朋友，并且一直坚定地认为，这段姐妹情会天长地久。

大学毕业后，姜娜和刘艺合租了一个套间，一起面试后进了同一家公司的同一个部门，不过姜娜进了A组，刘艺进了B组。两个女孩的感情和缘分令人羡慕不已。

A组和B组虽属同一个部门，但它们之间是存在一定的竞争关系的。当然，不管是姜娜还是刘艺，都不认为工作上的竞争会影响到两人在生活中的友谊。直到有一次，为了争夺一个升职的机会，两组的组长需要各自做一套策划案来角逐一个项目。没想到的是，两个组的策划案居然“撞车”了，不管是策划方向还是宣传策略都惊人相似。这样一来，排在后面发言的B组自然吃了大亏，输掉了这场角逐。

事后，虽然大家表面上没有说什么，但却都旁敲侧击地询问刘艺，是不是她不小心把策划案的内容泄露给了姜娜，就连组长都私下找刘艺谈了话。

虽然刘艺很信任姜娜，但是这事毕竟太巧了，刘艺内心难免有些动摇。平时在家里，由于两人关系好，所以虽然是一人一间卧室，但都没有锁门的习惯。好几次，刘艺从外面回来，都碰见过姜娜从她的卧室里出来，说是借用指甲油或者吹风机什么的。平时这种事情很常见，刘艺也没有什么想法，但现在大家这么一说，她不免就有些怀疑了。

这件事发生后，刘艺心里始终有个疙瘩，后来渐渐地养成了锁门的习惯。姜娜虽然没有说什么，但没过多久，刘艺发现，她的卧室门也上了锁。虽然从表面上看一切似乎都没有变化，姜娜和刘艺依旧上演着“姐妹情深”的戏码，但那两扇锁上的门，就仿佛两颗锁上的心一般，已经渐行渐远。

距离是一种美，也是一种保护，保护他人的同时也在保护自己。在这个世界上，最复杂的东西就是人心，哪怕是与你朝夕相处的恋人或血浓于水的亲人，你也不可能完全看透彼此。留出距离，实际上就是在给彼此的感情腾出缓冲的空间，同时也让自己拥有一个安全的、能够完全放心的区域。这对彼此情感的建立与发展都有很大的好处。

两个人相处，太过亲密就容易忘了分寸，口无遮拦，语言偏偏是最容易伤人的“武器”。其实，很多人有过这样的经验和体会：与某人越是靠近，就越容易发生摩擦和矛盾。有时交往的时间越久，反而越发觉得不如初时那么容易和舒适。这就是很多情侣谈恋爱的时候觉得很和谐，但在结婚之后反而矛盾越来越多的原因。

最好的感情应该做到“亲密有间”，拥有一定的空间和余地，才能让彼此更好地携手走下去。懂得保持距离，在相处的时候注意分寸，不仅是对彼此的尊重，更是对彼此的保护。

那么，什么样的距离才是“理想的距离”呢？它没有特定的标准，需要根据彼此的关系和感情来调整，关系亲近、感情深厚，“理想的距离”自然就能相对近一些。但无论如何，都要记住，有一个底线是不能逾越的，那就是——尊重别人的隐私。不管是多么亲密的人际关系，哪怕是父母与子女、妻子与丈夫、兄弟与姐妹，都不能越界。

爱一旦失去界限，犹如身陷囹圄

在这个世界上，最亲密也最令人动容的感情，不外乎父母与子女之间的亲情。但即使是父母和子女之间，也需要一个平衡的距离，才能保证引力的稳定性不被斥力所取代。哪怕是这世间最深重的爱，一旦失去界限，也会让人感觉身陷囹圄。

父母是孩子成长路上的引导人与保护者，但如果父母没有距离感和隐私意识，过度保护或干涉孩子，就可能让孩子在成长过程中形成依赖的性格，言行幼稚。孩子是父母的未来与希望的延续，但如果孩子不懂分寸，不断向父母提出过度的要求，那么父母就会感到疲惫、劳累，出现愤怒等负面情绪。等到这些负面情绪堆积到顶峰时，父母和子女之间就会产生种种矛盾与冲突，再深刻的感情也会被消磨殆尽。

耀辉属于晚来得子，妈妈早年身体不好，药物调理了好几年，32岁时才生育了他。从小，作为独生子的他就享受着父母全心全意的爱和呵护，尤其是妈妈，简直就是他的贴身保姆，衣食住行，无不考虑周到。至今耀辉都未曾洗过一件衣服，更别提做其他家务。

高二的时候，妈妈见耀辉有心事，便偷偷看了他的日记。发现儿子有喜欢的女生后，妈妈就跑去学校大闹。后来，耀辉不再写日记，变得沉默寡言，妈妈又开始用跟踪的方式来了解他。当耀辉对妈妈所做的这一切表示不满时，妈妈却反问："我只是想知道你在做什么，你在想什么，这有什么不对？"

为了摆脱妈妈对自己的控制，耀辉上大学时选择了住宿。这是他第一次独立生活，然而他习惯了衣来伸手、饭来张口的生活，在学校里生活几乎不能自理，不会到食堂打饭，不会洗衣服……而且，他觉得别人都应该为自己服务，但没有人会和妈妈一样迁就自己。他只能不停地向家里诉苦。

毕业后，耀辉找工作时碰了几次壁，于是干脆待在家里不出门。一旦父母唠叨几句，耀辉就会反驳："谁让你们没有本事，不给我找份好工作！"

是什么原因让耀辉说出这样的言辞？难道都是耀辉的错吗？其实，更多的是父母的错。

受传统观念的影响，大多数父母认为健康的亲子关系是越亲密越好。为了获得这种亲密感，父母打着"爱"的旗号，给予孩子许多丰厚的物质，以为这是孩子最需要的；给孩子灌输一些我们"自以为是"的思想，以为这是最正确的；替孩子做很多事情，甚至横加干涉，以为这是最深的爱。

曾在一本书中看到这样一句话，印象深刻："最可怕的是用父母的幸福来栽培孩子的幸福。"这句话值得每位父母深思。很多时候，我们把自己对于幸福的理解强加在孩子头上，不惜代价去帮助孩子实现，但悲哀的是：自己的幸福换来的不是孩子的幸福，反而给孩子的健康成长埋下了隐患。

每个孩子都是独立的个体，不是父母的附属品，彼此之间必须保持适当的距离。一般来说，两周左右的孩子便开始有了模糊的自我认知，对很多事物有了自我的概念和独立的意识，比如“这个东西是我的”“我想做什么”……随着年龄的增长，他们的这种意识会越来越明晰。

在这里，我们可以用距离来衡量亲子关系。

出生到5岁——零距离。这几年，大多孩子的世界里几乎只有父母。

6岁到12岁——家跟学校的距离。此时，大多孩子不再喜欢整天待在父母身边。

12岁至18岁——出现代沟。这一阶段的孩子处于青春期，大多喜欢事事跟父母对着干。

18岁到35岁——因上学、工作、成家，彼此渐行渐远。

35岁以后——孩子慢慢体谅父母的不易，重新关心父母。

在不同的阶段，父母和子女之间的距离是不同的。双方只有站在正确的位置，才更容易成长和成熟。要做到这点，家长需要视子女为朋友，平心静气地聆听孩子的声音，了解孩子的想法，尊重他们的意见，与子女始终处于平等地位，共同讨论出适合彼此的方式。这样亲子关系才能紧密相连。

关于亲子关系有一种说法叫“一碗汤的距离”，从字面上理解就是炖个汤，端到孩子家时刚好能喝，近了太烫，远了太凉。挨着，但不紧黏着，时常能见面，双方又保持一定的距离和拥有私密的空间，这种有界限的爱，才是亲密关系中理想的距离。

每个人都是独立的生命个体，哪怕再亲密的关系，也应注意保持分寸感。彼此有爱，互不干涉，这才是最好的关系尺度。

受害者逻辑：我的痛苦源于你的不付出

你一定听过这样一句话："别人帮你是情分，不帮你是本分。"然而，在现实生活中，总有不少人把情分与本分弄混淆，把别人的"情分"当成"本分"，甚至因为对方不肯付出而感到委屈、痛苦，仿佛自己是个受害者。

情分是什么？是人与人相处的情感，是给予别人关怀、照顾的情义。

本分是什么？是本身应尽的责任和义务。

不少人总是对情分抱有太多期待，将别人对自己的照顾和关爱视为理所当然的事情，就像从父母那里得到的照顾一样。本能地期待责任由别人来承担，好处由自己来享用，甚至在得不到别人的付出和退让时感到痛苦和受伤。但世界上哪里会有只享受好处，又不必承担责任的事情呢？

“我都生病了，你为什么不帮我带饭？”

“想写一篇征文稿，你文笔明明很好，帮个忙怎么了？”

“你和我顺路，怎么不知道送送我？”

……

这样的抱怨想必很多人都听过。会生出这样抱怨的人，往往都是以自我为中心、经常忽略他人感受的人。他们站在自己的角度抨击别人，抱怨他人的做法，理所当然地把别人的情分当作本分，毫无分寸感地要求别人的付出。可是他们却忘了，每个人都是独立的个体，没有任何人需要无条件地为另一个人付出。

更何况，每个人都有自己的难处，如果你对别人的难处视而不见、漠不关心，又凭什么要求别人对你一再施以援手、不求回报呢？如果一个人总是不分场合、不分时间、不分轻重地想要得到帮助，不管大事小事，总是把别人的帮助当作理所应当，没有一颗感恩的心，也没有一颗体谅他人的心，那么恐怕他和谁都无法建立长久的感情。

林伟和庞鑫刚认识的时候，觉得彼此三观相似，很有共同语言，有事没事都会聊几句。可是后来，林伟渐渐发现，每当庞鑫心情郁闷、工作不开心的时候，就会找他使劲吐槽，美其名曰“帮忙”。一开始，林伟当然愿意伸出援手，但庞鑫总是不分时间地找他，有时是周一早上他正忙着部门会议，有时是凌晨三四点钟。

林伟没有关机的习惯，几乎每天24小时开机。后来，当林伟忙重要的事情或者睡觉时，为了避免庞鑫的打扰，便会提前将手机调到静音状态，毕竟他也没有那么充裕的时间和精力处理别人的事情。到后来，林伟甚至和庞鑫直言：“成年人必须学会处理自己的问题，不能一味地求助于人。”

因为这件事，林伟也遭到了庞鑫的抱怨：“我也没有让你做什么，只是让你当一个倾听者，这么点小事你也不肯帮，真不够意思！”之后，两人渐行渐远。

很显然，对于庞鑫来说，林伟的话刺伤了他，他认为林伟是自己的好朋友，理所应当在他需要的时候“施以援手”。可是他却忘了，林伟有自己的生活，有自己的烦恼，要养家糊口，要偿还贷款，要在限期之前完成工作。庞鑫甚至没有想过，为了腾出时间听他吐槽，林伟可能需要熬夜工作到凌晨两点完成他本该早已完成的工作。

庞鑫觉得自己是“受害者”，因为林伟显然有些不近人情。但换个角度来看，林伟又有什么义务用自己的时间去迁就庞鑫呢？庞鑫的痛苦源自林伟的不付出，可林伟凭什么要成为那个付出的人呢？

这种受害者逻辑是非常不讲道理的。在任何一段平等的关系里，保持分寸感都是维持这段关系基本的底线。不予他人麻烦，是基本的礼节。

曾看过这样一则故事，虽然内容简短，却意义深刻：A不喜欢吃鸡蛋，每次发了鸡蛋都会送给B吃。刚开始B很感谢，久而久之便习惯了。习惯了，便理所当然了。有一天，A将鸡蛋送给了C，B就不干了。他忘记了这个鸡蛋本来就是A的，A想送给谁都可以。为此，他们大吵一架，从此绝交。

本来嘛，这个世上哪有那么多的“应该”呢？

帮忙这件事是很主观的，毕竟每个人都有自己的事情，没有人应该或者必须帮你。所以，当别人不愿帮忙的时候，你不能怪罪别人；当别人愿意在你困难时伸出援手，这就是别人的好心，好心是需要感激的。哪怕是请别人帮个很小的忙，也请你带上真诚和感恩，别把一切都视为理所应当。

成年人之间所谓的情分，都建立在分寸感之上，没有任何人因为“情分”而必须为你付出，你也不应当拿着“情分”去绑架别人。不平等的付出与索取，只会让彼此的情谊消磨殆尽。

“为你好”这句话，就是一种情感绑架

生活中，我们常常会听到有人告诉我们：“你应该……，我这是为你好。”

“为你好”这三个字相信很多人听过多遍，或许是出自长辈口中，或许是出自朋友口中，也或许是出自恋人口中。说出这三个字的人，本心或许的确是想要“为你好”，可他人并非你，又怎能真正明白什么才是“为你好”，什么才是你想要的、渴望的呢？

父母对孩子说：“别整天看漫画，好好学习才是正道，我也是为你好，等你以后明白了就知道感谢我了。”

诚然，在很多时候，孩子缺乏自制力，若失去管束，一不小心就可能做错事、走错路。然而，管束不该成为霸道的强迫，喜欢漫画的他或许将来会成为伟大的漫画家，或许这就是他一生钟爱的事业呢？

妻子对丈夫说：“你把这些东西送去领导家，别老是摆出一副清高的样子，想想你那些升职加薪的同事，别老是这么没出

息，我说这些你也别不爱听，我那是为你好……”

每个人心中大概都有出人头地的渴望，然而对于有的人来说，一贯坚持的原则比这种渴望更加重要。现实的利益与精神的满足，到底孰轻孰重呢？每个人有不同的价值观，有的人愿意为前者而丢弃后者，有的人却甘心为了后者而放弃前者，哪一种选择才是真正“值得”的，没有标准答案，只有那个做出选择的人自己知道罢了。

朋友对你说：“这个机会可是别人求都求不来的，你怎么能轻易放弃呢？不过就是出国两三年而已，这辈子可能就这么一次机会。你要真的为了他放弃这次机会，以后有你后悔的，我是为你好才这么说的……”

爱情与事业未必时时都能两全，有时你必须放弃其中之一。有的人觉得，为了爱情放弃事业是种很傻很天真的想法；也有的人觉得，为了事业放弃爱情是本末倒置，终究有一天会后悔。然而，这不过就是两条分岔路罢了，你选了一条，注定要错过另一条路上的风景，不管你的选择是什么，都不会是完美的。但同样，不管你的选择是什么，也都不存在绝对的对或错。重要的是，你心底真正渴望的是什么，这一点谁能比你更清楚呢？

很多时候，别人口中的“为你好”，说到底不过是一种情感绑架，他们心中对你有所期许，渴望你能变成他们期许中的模样。然而，别人所期许的，未必是我们真正想要的。那些期许能够满足别人，却未必能够让我们自身获得满足。

过年的时候，众亲戚聚在一起，对文兰一通口诛笔伐，劝告她和新交的男友分手。文兰的男友是她的大学同学，两人已经交往两年多，感情非常好，如今眼看就要毕业，自然要为以后做打算。

文兰是独生女，家里舍不得她在外头打拼，一心希望她毕业就回家，考个公务员，轻轻松松地过安稳日子。但文兰的男友家在外地，和她隔着大半个中国，也是家里的独生子。遥远的距离成为他们爱情的最大阻碍。

为了让文兰“面对现实”，众亲戚说得吐沫横飞，把距离、家庭、婚姻、工作、未来……但凡能想到的问题统统提了出来。甚至有亲戚主动表示，要给文兰张罗相亲。每个人口中都在说着“为你好”，却把文兰逼得不厌其烦。

文兰说：“或许正如大家说的，什么情啊、爱啊，都是昙花一现的事儿，等到了一定年纪，这些东西都是浮云，什么都比不上安安稳稳地过日子强，可我不是还没到一定年纪吗？我还年纪轻轻，对爱情、婚姻有着美好的憧憬，难道就要提前进入‘心如死灰’的生活？和他在一起确实存在很多问题，以后我们可能会克服这些问题，幸福美满地过一生，也可能会因为这些问题而分开，甚至彼此怨恨。可我现在很幸福，我想和他在一起，难道就要为了未来那些不确定的不好的可能性而放弃眼前实实在在的幸福？这真的是为我好吗？即便我换了一个男朋友，选一个其他人都满意的对象，谁又能保证我未来的婚姻生活就一定是幸福的呢？‘为我好’，所以每个人都希望能给我一车苹果，可谁又明白，我一点儿都不喜欢苹果，只是想要一个橘子呢……”

未来总是充满不确定性，你永远不知道今天的选择会为你带来怎样的结局。那些“为你好”的人，总希望能将自己走过的路变成指引你前进的灯，让你规避他们经历过的风雨，让你踏上他们错过的捷径。然而，路早已不是那条路，走路的人也早已不是当初的那个人，你又怎能知道如何走才是正确的呢？那些“为你好”带给我们的，真的是“好”的吗？

人只有一辈子，路该怎么走，还得自己决定。同样，不要总是试图打着“为你好”的旗号干涉别人的路。人与人之间不管是一种怎样的关系，父母与子女、丈夫与妻子，或是朋友与朋友，都应该互相尊重。尊重的一个大前提，就是保持距离感和分寸感。不要试图干涉和控制他人的人生，不要试图强迫他人按照你的意愿去生活，这是对他人最起码的尊重。

注意分寸，别把多管闲事当成乐于助人

在这个世界上，总不乏存在一些“乐于助人”的人。他们乐于在群体中留下好的个人形象，并因此产生“多劳多得”的心理，认为自己帮助别人解决问题，是对别人的付出，自然会受到大家的欢迎和认可。

可世界就像一个万花筒，每个人都有自己的生活方式和小圈子。当我们需要帮助的时候，遇到愿意伸出援手的人，那是一种幸运；但当我们不需要帮助的时候，却有人热心地跳出来指手画脚，那就很难令人感到愉快了。因为不恰当的热心在别人看来，就是一种多管闲事。

陈大妈是小区里有名的“热心肠”，退休后闲不住，谁家有什么大事小情她都会主动帮助。比如最近，陈大妈就一直操心

着隔壁邻居家儿子的婚事。邻居家儿子已经30多岁了，各方面条件都不错，就是缺个合适的对象。

很快，陈大妈就锁定了隔壁楼的吴姑娘。吴姑娘今年29岁，也是单身，没有合适的对象。陈大妈一合计，觉得两个年轻人简直是天生一对，于是便喜滋滋地把这事提上了日程，打算好好撮合这对年轻人。

陈大妈找到吴姑娘，兴致勃勃地把小伙子的情况介绍了一通。吴姑娘很惊讶，她和陈大妈来往不多，怎么也想不通对方会突然给她介绍对象，于是就委婉地拒绝了，并表示自己正准备考博，近几年都不打算考虑结婚的事。

陈大妈却不以为然，在她看来，吴姑娘都这么大年纪了，哪里还能再等几年呀，于是坚持说服她去相亲。没有办法，女孩子脸皮薄，也不好意思一直和陈大妈拉拉扯扯，只得不情不愿地应下了。

等到相亲的那天，吴姑娘一见着小伙子，便直接告诉对方，她近些年没有恋爱和结婚的打算。可没想到，小伙子却是相中了吴姑娘，对这次相亲的态度十分认真。最终，两人不欢而散。小伙子觉得吴姑娘戏耍了他，而吴姑娘心里也委屈得不行，毕竟她从一开始就没想答应这次相亲。

就这样，折腾了一圈下来，不管是吴姑娘还是小伙子，都憋了一肚子火，陈大妈更是两头没讨好，两边都得罪。

很多时候，希望别人过得好没有错，但如果罔顾别人的意愿，掌握不好帮忙的尺度，恐怕只会让人觉得反感和厌恶。就如狄更斯所说的："最好的礼貌，就是不多管闲事。"

《醒世恒言》里也提醒过我们："事不关己休多管，话不投机莫多言。"

与人相处，凡事都应该把握分寸，不多管闲事，这是对人最起码的尊重。要知道，人与人本就是不同的，你认为好的东西在别人眼中未必具有吸引力，你认为不好的东西于别人而言却可能如珍宝般贵重。很多时候，你自以为是的乐于助人，带给别人的可能恰恰是更深的伤害。

曾看到这样一篇报道：一个中学生因为父母在一场车祸中意外丧生，一夕之间成了孤儿。班长知道他的情况之后，便在班级里发起捐款，想要通过这种方式帮助他。但令人意外的是，当班长抱着捐款箱，声情并茂地站在讲台上向同学们讲述他的"悲惨遭遇"时，那个学生却愤怒地冲上讲台，狠狠地打了班长一拳。最终，这次捐款自然是不了了之。后来，没过多久，那个学生就转走了。

当时，有人问过那名中学生，为什么对班长的"好意"如此生气，最终选择离开呢？他说，他无法忍受周围的人总是用怜悯的目光看着他，然后不停地说着"安慰"的话，试图要给予他"帮助"。这些行为每时每刻都在提醒他，自己究竟遭遇了什么。

诚然，不管是班长还是周围的其他人，或许都是出自对他的关心才做出这些事，但是大家却从未想过，这位学生是否真的需要这样的怜悯与关怀。人们总是这样，怀抱自以为是的好心，一厢情愿地挥洒同情，却不曾想过这些强行加诸给别人的"好"，于对方而言，恰恰可能是一种伤害。

下面是一个特别有意思的故事：

唐僧非常照顾徒弟们。一天，他发现孙悟空的裤子上破了一个洞，便默默帮他把洞缝好了。可到了第二天，唐僧发现之前缝补好的洞不知道为什么竟然又裂开了，于是他又默默帮孙悟空把洞缝补好。第三天又是如此，唐僧便又缝了一次。最后，孙悟空终于忍不住发怒了，他不耐烦地对唐僧说道："师父，你能不能不要再补上那个洞了？你把洞补上，我的尾巴放哪里啊？"

你瞧，很多时候，事情的真相并不像我们以为的那样，我们觉得自己是在无私付出、好心赠予，可于别人而言，我们所做的一切不仅没能帮助到他人，反而平添了许多麻烦。

所以，如果想让自己的言行举止得体，就尽量不要干涉别人的事情。即便是真心想帮忙，也要注意做事的尺度。在乐于助人之前，最好先问一问对方，究竟是否需要我们的帮助，又希望我们帮到什么程度，千万别把多管闲事当成乐于助人。

第二章

温而不谄：

随和友善，守住讨喜的底线

互惠互利，才是长久的关系

中国素来被称为礼仪之邦，“礼”字其实就在于“和”，以和为贵是中华优秀传统文化中的优秀品质，也是中国人为人处世的智慧。孟子说过：“威天下不以兵革之利。”与人相处，互惠互利才是长久的关系。

现实生活中，我们会遇到很多人，会和很多人打交道。这其中有与我们一见如故的友人，自然也有与我们脾性不和的“敌人”。对待友人，我们自然会如春风拂面一般，展现最大的善意与热情。那么，对待“敌人”，又该怎么做呢？

毛主席说过这样一句话：“谁是我们的敌人，谁是我们的朋友，这个问题是革命的首要问题。”从字面意思看，这句话的意思是要分清敌我，但进一步思索，不难看出其暗指意义，那就是从敌人中也可以分化出一部分我们的朋友。这样的敌人是在特定的情形、特定的环境下的，如果能够争取，敌人也有可能变成自己人。如果能够和平相处，岂不是一举两得？

中国人讲求“以和为贵”，和是一种品德，也是一种文化。中国汉语的“和”字，是从“龢”简化为“咊”，再从“咊”转化而来的。它可以解释为多种含义：相安、谐调、平息事端、和美、和睦、和衷共济、祥和、和平、和气、和悦等。从这些词语中我们可以看出和的最终目的是使双方受益，这也是维系彼此情谊的关键。

民间流传过这样一个故事：

在很久以前，有个国王管理着很多土地和部落。其中一部分部落挨着山区，每年冬天都会受到野狼的袭击，因此牲口损失不少。国王很郁闷，于是对左右的武士说：“如果谁把野狼消灭了，我就把女儿嫁给他。”

这一年的冬天，第一个武士回来了，但是变成了残疾人，因为在与野狼的搏斗中，他失去了一只胳膊。在朝拜国王的时候，他满身伤痕，还拎着一布袋子的狼眼珠子。看到这种情形，国王非常欣赏他这种誓死如归的勇气，准备设宴把公主许配给他。可是第二天，探马来信，说狼群又来了，它们在狼首领的带领下，对村民进行了残忍的报复，不仅咬死了牲畜，还伤了不少人。国王气坏了，派人立即取消了婚事。

另一个武士在第二年回来了。和第一个武士不同的是，在朝拜国王的时候，他带回了一个体积肥大的狼的尸体。这个武士很有计谋，他对国王说：擒贼先擒王，我杀死了狼首领，狼群溃散了。国王一听，非常高兴，心想这个武士真聪明，于是下令订婚设宴。狼群没了首领，它们只得选新的首领，暂时没有骚扰村民。可是没想到，三天之后，狼群又来了。新的首领带领狼群又让村民遭受了一场灾难。国王很失望，取消了婚宴。

第三年的冬天，第三个武士回来了。他居然带回来两头活狼来朝拜国王。他对国王说：他观察了一段时间，发现狼群是因为冬天缺少食物才去侵扰村民的。知道真相后，他便带领村民以“赶诱饵”的方式，将狼群引诱到另一座山上。那里有很多野生动物可以帮狼群度过冬天，而且那里还有一条不结冰的小溪，狼群即使在冬天也能喝到水。后来，狼群再也没有侵扰村民，村民们得以过上了安稳的日子。

国王很欣赏第三位武士，很快就把美丽的公主许配给了他。武士带回来的狼在他们夫妻俩的调养下变成了狗。再后来，它们的后代成为人类忠实的朋友。

当面对强大的“敌人”时，人们首先想到的是攻击，用更强大的武力与之抗衡。然而，这样做的结果可能是“冤冤相报何时了”，你伤我一分，我便还你一分。就如故事中的前两个武士，他们勇敢无畏地与野狼对抗，甚至取得了阶段性的胜利。然而，这种胜利并不长久，每一次短暂的胜利之后，他们迎接的是野狼更加残酷的报复。

第三位武士则不同，面对强大的野狼，他想到的不是怎么置对方于死地，而是通过分析，寻找到狼和人的矛盾其实是因冬天缺少食物狼不得不捕杀村民的“牲畜”，于是便十分巧妙地选择了一种“互惠互利”的方式，与强大的狼群“化敌为友”。狼被顺利引到别的山上，村民也就此摆脱了狼群的侵害，在时间和环境都改变的情况下实现“与狼共舞”的双赢梦想。

很多时候，人与人之间的矛盾和仇怨不是一成不变的，只要转换一下立场，双方就可能化敌为友。所以，为了“日后好相见”，无论与谁相处，都应做到“凡事留一线”，把握好分寸，守护好底线。以和为贵、互惠互利，才是彼此长久和稳定的关系。

点到为止，即使好心，也要掌握分寸

当你发现与自己关系亲近的人犯了错，你会直言不讳地提醒对方吗？

或者换一个问题：当你不小心犯了一个错误，与你关系亲近的人直言不讳地提醒并指出时，你会因此而生气吗？还是感激对方的直言不讳？

理智上说，对于别人的批评与指正，我们自然应该心怀感激。但如果这种提醒和指责发生在众目睽睽之下，对方的直言不讳甚至没有任何修饰和分寸，那么在颜面扫地的当下，你还能理智地“心存感激”吗？

要知道，人都是好面子的，当众打别人脸，哪怕你存的是一颗好心，被“打脸”的人也不免感到自尊心受挫。更何况，我们指出别人的错误，为的是帮助对方变得更好，而不是让对方丢脸，所以，只需点到为止，达成目的就够了。即使是好心，也应当把握分寸。

《红楼梦》里有这样一个故事：

一次，贾母等人猜拳行令，随意玩乐，黛玉无意说出《西厢记》和《牡丹亭》中的几句艳词。这类剧本在当时是禁书，而从黛玉这样的大家闺秀口中说出，更是会被人指责为大逆不道、有伤风化。

好在许多读书不多的人没有听出来。但此事瞒得过别人，怎能瞒过宝钗？然而，宝钗却没有感情用事，图一时之快，宣之于众，借此机会让黛玉难堪，而是给黛玉留了余地，也给自己和黛玉化干戈为玉帛提供了契机。

事后，在没人处，宝钗私下叫住黛玉，冷笑道："好个千金小姐，好个尚未出阁的女孩儿！满嘴说的是什么？"一副严厉的下马威，让对方感到问题的严重性。

黛玉只好求饶说："好姐姐，你别说与别人，我以后再也不说了。"

宝钗见她满脸羞红，至此便适可而止，没再往下追问。

这已让黛玉感激不已。宝钗更加精明之处在于，她还设身处地、循循善诱地开导黛玉："在这些地方要谨慎一些才好，以免授人以柄。"

此番真心实意的关心，结果"一席话说得黛玉垂下头来吃茶，心中暗服，只有答应一个'是'了"。

此事之后，宝钗果然守口如瓶，没有向任何人透露半点黛玉失言之事。

这使黛玉改变了对宝钗一贯的成见，诚恳地对她说："你素日待人固然是极好的，然而我又是个多心的，竟没有一个人像你前日的话那样教导我……比如你说了那个，我断不会放过的；你竟毫不介意，反劝我那些话；若不是前日看出来，今日这些话，再不对你说的。”

至此，宝钗和黛玉已达成和解。

抛出话音轻点一下，聪明之人便可领会。宝钗懂得在恰切的时候点到为止，给黛玉留了七分颜面，给自己腾出三分空间。只有这样的“空间”多了，在深宅府第中，才能容得进更多的朋友。

试想，如果宝钗发现黛玉的失言后，当着众人的面直言不讳地指出来，又会如何呢？本就对宝钗心存芥蒂的黛玉，会认为宝钗的直言不讳是“好心”吗？答案显而易见。更何况，虽然宝钗与黛玉都算是“寄人篱下”，但从亲疏关系来看，黛玉与贾母显然要更加亲近一些，宝钗“打脸”黛玉，又何尝不是在“打脸”贾母呢？真要这般做了，宝钗也就不是那个识大体、懂进退的高情商宝钗了。

当然，我们也不应为了维持表面的和平，就对对方的错误视而不见。就像宝钗与黛玉，一方面，宝钗没有当众指出黛玉的失言，维护了她的脸面，这一举动避免了双方矛盾的激化；另一方面，宝钗也没有假装什么都不知道，而是私下提点黛玉，这才是真正打动黛玉、拉近彼此距离的关键。

要做到这一点，我们首先得学会冷静，不管发生什么事情，面对什么情况，都必须让自己冷静下来，用理智去思考和处理事情，避免加深彼此的矛盾。其次，要有胸怀，有容人之量，尤其是遇到问题时，不要总是想着一味地指责别人，这样只会扩大矛盾，问题也无法得到解决。

更重要的是，无论何时，都要把握分寸。即使是好心提醒对方，也要注意场合，点到为止，别让自己的好意成为刺伤他人的利剑。

闲气伤身，永远控制自己的火暴脾气

纵使无数的教训都在告诫我们“莫生气”，无数的故事都在陈述愤怒引发的恶果，我们也无法将愤怒的情绪从身体中剔除。因为愤怒是人类基本的情绪，小到三四岁的孩子，大到花甲老人，谁都避免不了会产生愤怒的情绪。这是非常正常的事情。

导致愤怒的因素有很多，主要包括心理因素、生理因素和环境因素等。其中心理因素，如个人修养、思想、情操、人生观、价值观等，与怒气的产生及发怒的程度有着非常紧密的联系。

不同的人对愤怒情绪的控制也是有所不同的。我们注意到，同样是面对外界的刺激，有的人会心平气和，有的人则怒气冲冲，也有的人会暴跳如雷。心理专家通过调查研究得出结论，那些面对刺激心平气和与怒气较小的人，往往心胸开阔、心智成熟、思维周密，而那些动不动就发怒的人，一般都心胸狭隘，虚荣心强，思维极端。

不用问，前者与后者给别人的感受自然大相径庭，受欢迎的程度也大不一样。自然而然，获得良好人际关系和发展机遇的可能就有所不同了。

愤怒的破坏力是巨大的。在它的主导下，我们很可能会做出失去理智的蠢事，不但让他人受到伤害，还会给自己带来不必要的麻烦。

当年，罗素·克劳是好莱坞炙手可热的明星之一。他在荧幕上的绝佳表现征服了一大批观众，特别是他的代表作《角斗士》一上映就受到国际社会的一致好评，成为好莱坞的经典电影之一。

可是离开了摄像机的罗素·克劳，在现实中就会立马变成另外一个人，特别爱发脾气，像一只暴躁的狮子，总是乱吼乱叫。

由于罗素·克劳的暴躁，周围的合作对象对他敬而远之，几乎没有人能够招架得住他的暴躁脾气。就连《铁拳男人》的导演罗恩·霍华德也坦言，克劳火暴的脾气让他表演时很难与人共事。

渐渐地，罗素·克劳的暴躁个性成了圈子里尽人皆知的事。人们虽然都承认他演技过人，但也都觉得他的暴脾气无法让人接受，所以他始终没能捧得奥斯卡小金人。

他们认为罗素·克劳虽然演技过人，但是他的暴躁脾气让人无法接受，最终取消了他的获奖资格。

一个演技精湛的演员，却因为暴躁的脾气让自己失去了获取最高荣誉的可能，不能不说是一件遗憾的事。但有什么办法呢？再多的遗憾，也只能让无法控制自己火暴脾气的罗素·克劳本人埋单了，因为他正是导致这种结果的根本所在。

我们都应该意识到，愤怒是解决不了任何问题的，它只会让事情变得更糟糕。当你放任自己的火暴脾气，逞一时之快后，却带来了无尽的后患之忧，这又是何苦呢？

当然，我们也要承认，愤怒在某些情况下是人的情绪的一种自然反应，但这绝不意味着在每种情况下都要有这样的反应。我们必须学会控制某些直觉的情绪，不能每次有什么情绪就毫无顾虑地发泄出来，这样做于人、于己、于事情本身都是毫无积极作用可言的。

刘斌在一所海洋大学念完四年本科后，花了很大的精力才进入一个海上油田钻井队工作。

他刚上班的第一天，遇到了这样一个问题。他的直接上司，一名叫庄羽的领班要求他在限定的时间内登上几十米高的钻井架，把一个包装好的漂亮盒子送到站在顶端的主管手里。

刘斌毫不含糊地答应了。他听从领导吩咐，赶忙以最快的速度拿到盒子，并快步登上高高的狭窄舷梯，然后气喘吁吁、满头大汗地登上钻井架顶端，把盒子交给了主管。

让刘斌没想到的是，主管拿到盒子后，只在上面签上了自己的名字，然后又叫他送给庄羽。刘斌虽然不明就里，但也不敢问为什么，他只得快速跑下舷梯，把盒子交给庄羽，庄羽也同样在上面签下自己的名字，让他再送给主管。

刘斌看了看自己的顶头上司，犹豫了一下，然后又转身登上舷梯。这样来回折腾了两趟之后，刘斌累得浑身是汗，双腿打战。

当第三次领班让刘斌再把盒子送给主管的时候，他愤怒了。他看了看庄羽平静的脸，强忍着没有发作，然后拿起盒子艰难地往上爬。当他爬到顶端时，浑身都被汗水浸透了。

这一次，主管对他说："把盒子打开。"

刘斌听从指挥，赶紧撕开外面的包装纸，打开盒子。原来，里面是两个玻璃罐，一罐是咖啡，一罐是咖啡伴侣。

当看到就是这样两个不起眼的玩意时，刘斌不由得愤怒了。他双眼喷着怒火射向主管。主管仍然一脸平静，他对刘斌说：

“把咖啡冲上。”

刘斌此时再也忍不住了，“叭”地一下把盒子扔在地上，“我不干了！”说完，他看着扔在地上的盒子，心里感到痛快了许多，刚才的愤怒全部释放了出来。

此时，主管起身站到刘斌旁边，用眼睛直视着他说道：“刚才让您做的这些，叫作极限训练，因为我们在海上作业随时会遇到危险，所以队员身上一定要有极强的承受力，承受各种危险的考验，才能完成海上作业任务。可惜，前面三次你都通过了，只差最后一点点，你没有喝到自己冲的甜咖啡。现在，你可以走了。”

刘斌的经历又让我们看到因为愤怒而造成的巨大遗憾。如果他能够控制一下内心的怒火，事情就会是另外一种结局。可以想象，像刘斌这种承受力不够强的毕业生，即使到了别的单位，也依然会因为愤怒情绪而影响其正常发展。

成大事者是不会被愤怒情绪所左右的，闲气伤身又伤神，控制不住自己的脾气，只会让你在关键时刻掉链子，甚至为此付出惨痛的代价。所以，让自己的心胸开阔些，想开一点。“人生一世，草木一春”，短短的几十年，人何必总给自己找别扭呢？

不是嗓门越大，就代表道理越多

有个词叫作“理直气壮”，意思是说，当你占理的时候，说话就有底气、有气势。于是，有的人为了展现自己的“理直”，便不分时间、不分场合，或剑拔弩张、寸步不让，或气壮如牛、吼声震天，不管怎样，先把“气”给“壮”起来，仿佛最终争的不再是“理”，而是嗓门。

实际上，生活经验告诉我们：有理不在声高。你以为声音越大，气势越强，语气越坚定，就越说明自己有理。但从心理学角度来看，无声语言所显示的意义，比有声语言要深刻得多。国外的心理学家还就此列出一个公式：人与人之间的信息传递 =7% 语调 +38% 语气 +55% 表情。

这个公式主要强调无声语言在人际传播中的意义是非常巨大的。真正会说话的人，不仅会用嘴说，还要懂得如何用无声的语言来说，比如表情、肢体等。换言之，“理直”可以让你“气壮”，但“气壮”

不一定能证明你“理直”。

毕淑敏讲过这样一则小故事，说明与人交谈、讨论甚至争辩中“声低”的力量。

一位老师问学生：“用酒精消毒，什么浓度为好？”

学生们几乎连想都没想，齐声回答说：“当然是越高越好！”

老师说：“错。”

看着学生们一脸狐疑，老师继续解释说：“高浓度的酒精，会使细菌的外壁在极短的时间内凝固，形成一道‘天然屏障’。后续的酒精就再也进不去了，造成细菌在壁垒后面依旧存活。”学生们认真地听着这个新奇的理论，若有所思。

老师进而强调：“最有效的浓度，是把酒精的浓度调得相对柔和些，润物无声地渗透进去，效果才最佳。”

原来，“润物无声”的柔和有时比风暴更有力量。柔和不是软弱，而是一种品质与风格；柔和也不是丧失原则，而是一种更高境界的坚守；柔和更不是退让，而是一种水滴石穿的坚韧。

相反，粗鲁的争辩方式往往会让对方对你的意见、想法更加反感，无法使人心悦诚服。充实的论据才是力求理解的保证。言之有理，对方自然会接受客观存在的道理，这比调高八度、大喊口号要有效得多。真正懂得说服别人的人，从来不是靠声高来实现的。

1930 年 2 月，左翼作家冯乃超在《拓荒者》中骂梁实秋为“资本家的走狗”，梁却简单而洒脱地回应说：“我不生气。”

无疑，这是一个熟谙论争心理学的人。且看梁实秋在《骂人的艺术》中的一段挥洒：

“骂人最忌浮躁。一语不合，面红筋跳，暴躁如雷，此灌夫骂座、泼妇骂街之术，不足以言骂人。善骂者必须态度镇静，行若无事。普通一般骂人，谁的声音高便算谁占理，谁的来势猛便算谁骂赢，唯真善骂人者，乃能避其锋而击其懈。你等他骂得疲倦的时候，你只消轻轻地回敬他一句，让他再狂吼一阵。

在他暴躁不堪的时候，你不妨对他冷笑几声，包管你不费力气，把他气得死去活来，骂得他针针见血。”

当然，这不是教人骂人，而是我们可以从这段表述中看出，学会揣测人的心理，能掌控好情绪的人，才能更好地把握未来。

“声高的时候”，往往表示我们已经愤怒了。从心理学的角度来说，愤怒是一种情绪的波动，小到烦躁不安，大到火冒三丈，还伴随着生理的变化，如心跳加快、血压升高。虽然愤怒是人类拥有的一种完全正常、健康的情绪，但仍应正视的是，如果无法控制愤怒，声高骇人，可能会引发一些不堪想象的后果。

所以，“有理不在声高”，懂得对形势的把握，对一再纠缠的人用事实说话，而对于生活中出现的误会，只要拿捏好说话的分寸，就能被对方充分理解和接受，自然能收到预期的效果。

交好而不讨好，守住分寸和底线

在生活中，与脾气暴躁、容易生气的人相比，那些脾气好、待人随和的人更容易拥有好人缘。毕竟谁会喜欢有攻击性的人呢？趋利避害是人的一种本能，所以人们自然更喜欢和那些没有攻击性的人相处。

但别忘了，除了趋利避害，人还有另一重本能，那就是“得寸进尺”。人与人在交往的时候，都会不自觉地通过一些方式试探对方的底线，以此决定以后用什么样的方式继续和对方相处。这就是为什么即便是同一个人，在和不同的人交往时，常常会展现出不同的面貌。比如，和不爱开玩笑的人相处，我们自然会尽量不和对方开玩笑；和脾气不好的人相处，我们也会尽可能多地照顾对方的情绪，以免触及对方的雷区；和脾气好的人相处，我们自然不会有过多的避讳；和不善于拒绝别人的人相处，当我们需要帮助时，自然首先想到的就会是他……

所以，其实很多时候，别人怎么对待你，和你展现在对方面前的形象，是息息相关的。你待人随和，别人自然愿意靠近你；但如果你“随和”到连底线都守不住，只会一味地退让、退让再退让，那么别人当然也会毫不客气地一再紧逼，直至让你无路可退。

与人交往，你可以随和，可以努力交好，但绝对不能失去分寸和底线。你想和对方平等地站在一起，就一定要挺直脊梁骨，收起讨好的嘴脸。随和是一种能力，一种素质，一种心态，一种建立在自信基础上的豁达。

卓雅是个脾气温和的女孩，和谁都能相处得来，在公司里人缘一直很好，和她打过交道的客户也非常喜欢她。凭借好人缘和优秀的工作能力，卓雅很快就被公司提拔做了部门的副经理。

升职之后，卓雅依然还是一副好脾气，对谁都温温和和的，丝毫没有摆架子。同事们都夸她是“年度最佳好上司”。卓雅听了心里也美滋滋的，更加奉行与人为善的处事方式了。但时间久了，卓雅也发现了一些问题：因为脾气太好，待人太温和，她这个上司在下属面前似乎特别没有威信。

就说有一次，同事小张无故旷工一天，第二天直接拿了张请假条到办公室，告诉卓雅说自己昨天生病所以没有上班，让卓雅在补假条上签字。按照公司规定，不管有任何事，需要请假都得提前上报，就算事情紧急来不及写假条，那至少得提前告诉上司一声，否则都要按无故旷工处理。小张则仗着卓雅脾气好，待人一贯温和，硬是软磨硬泡地让卓雅把假条给签了。

还有一次，同事安安因为工作失误，在处理客户订单时，弄错了对方的发货日期，给公司造成不小的损失，领导非常生气，差点儿就把安安给开除了，还是卓雅说的情，才保下了安安。其实，安安和卓雅不仅是同事，她还是卓雅的闺密，两人大学时住在同一个宿舍，之后又进了同一家公司，关系自然亲近。后来，卓雅把安安叫到办公室，本来想严肃地和她谈一谈这件事，结果没想到，她还没有发话，安安已经先开口抱怨一通，说公司领导大惊小怪，谁还没有犯错误的时候……

一系列的问题让卓雅开始怀疑，自己的处事方式是不是存在什么问题。真正让卓雅彻底爆发的，是一次分配工作时发生的事情。那段时间，公司接到一个大项目，需要从卓雅他们部门抽调一部分员工到项目小组帮忙。卓雅接到通知之后，迅速挑选出几个比较合适的人选，给他们安排了新的工作任务。结果，卓雅才把这件事通知下去，好几个人就跳出来提意见，这个嫌给他安排的活儿太多，那个嫌给他安排的任务和他以往干的事不对口。听着大家你一言我一语地吵吵嚷嚷，卓雅终于发了一次火，谁的面子都没有给。

那次之后，卓雅一改往日的作风，只要涉及工作，一切都照章办事，谁都不能通融。当然，工作之余，卓雅依然还是一副春风化雨的模样。一开始，大家背地里对卓雅也是颇有微词，还给她取了不少绰号，什么“阎罗王”“铁娘子”之类的。但时间长了，卓雅发现，自己的人缘并没有因此变差，反而在树立威信之后，工作上的事情越来越顺了。

经历了这些之后，卓雅总算是明白了，这做人哪，可以脾气好，待人随和，但原则问题绝对不能让步。

交好与讨好的区别就在于，前者是态度上的豁达，后者却是原则上的退让与妥协。与前者交往，我们会觉得如沐春风，但不会产生任何蔑视和轻慢的情绪，因为我们很清楚，随和只是对方的一种态度，一旦触及原则和底线，对方随时会露出獠牙和利爪。但若是与后者交往，恐怕很多人会不自觉地摆出高人一等的态度，毕竟对方已经主动把自己的腰杆弯入尘埃了，我们又何必非得“弯下腰”和他相处呢？

所以，要想和别人建立平等的交往关系，在拥有好人缘的同时，也需得到别人发自内心的尊重，那么你在与人交往时，就一定要记住，可以交好但绝不能讨好，可以随和但一定得守住分寸和底线。你可以收起獠牙与利爪，但绝对不能丢弃它们，因为它们正是你安身立命的保障。

随性一点，苛者无朋，水清无鱼

与人交往，如果事事都要计较，那么是很难建立起长久的关系与情谊的。所谓“苛者无朋，水清无鱼”，讲的就是这个道理。

每个人的人生包袱里，都盛着小如芝麻绿豆、大如苹果西瓜等种种大事小情。人的精力与时间都是有限的，如果总是把注意力集中在芝麻绿豆的小事上，那么不仅自己疲累痛苦，也会让他人感到繁杂，甚至影响对真正大事情的判断与把握。

因此，与人打交道时，想要让彼此轻松舒心，就要懂得把握分寸，做到“小事不计较，大事不糊涂”。也就是说，在小事上不妨糊涂些，遇到大事时要保持清醒的头脑，关键时刻再显露自己的大智慧。

话很简洁明了，说起来也容易，可难就难在怎么做这一点上。我们不妨观察一下，在自己生活和工作的圈子里，能够做到不斤斤计较的人其实非常少。这主要是因为大多数人尚未达到或者永远也达不到超然忘我的境界。对大部分人来说，“小事多糊涂，大事不含糊”是一句很有必要经常提醒自己的话。

关于“糊涂”，鲁迅先生曾专门揭示了其真正含义。他说：“糊涂主义，唯无是非观等——本来是中国的高尚道德。你说他是解脱，达观罢，也未必。他其实在固执着，坚持着什么……”

没错，正如鲁迅先生所说的“坚持着什么”，其实，糊涂的人往往比那些表现得聪明的人更聪明、更清醒。他们之所以要“糊涂”，是因为对事物领悟得深刻，对那些对自己不利的人更有包容之心。

往往这种“糊涂”的人很容易和周围的人打成一片，受到人们的喜爱和尊重。

当然，小事上装糊涂是可以的，但遇到大事就不能糊里糊涂的。非但不能如此，而且要铆足精神，开动脑筋想出利己的解决办法。

王芳在一家报社任采访部主任，由于业务能力精湛，经常受到领导的表扬，同时也深受同事们的钦佩。但俗话说“人怕出名猪怕壮”，王芳的优异表现还是引来了个别人的嫉妒。开选题会讨论选题的时候，他们故意指出王芳所报选题的不合理之处，想方设法刁难她。

对于这些，王芳心里很清楚，但她每次都笑脸相对，不慌不忙，也不带任何情绪地向大家叙述自己选题的可行之处。而且，她每次都会向对她提出异议的同事表示感谢。

那几个和她关系比较好的同事看不过去了，私下里跟王芳说为什么不在主编那里奏他们一本，让他们赶紧离开报社。

每当听到这样的话，王芳只是笑一笑，告诉好心的同事，这些都是小事，犯不着非得弄个青红皂白。她还安慰同事，大家在一起工作产生点小摩擦很正常，没什么大不了的。

如此看来，王芳真的是个厚道之人，有着非同常人的心胸。但她并非好惹的主儿，就拿报社改革的事来说，王芳的表现足以让人对她的看法来个180度的大转弯。

原来，报社新领导上任，“三把火”之一就是改革采访部和编辑部。本来采编分离的制度要改为采编合一，这样就会裁掉一部分员工，尤其是采访部只会采访写稿的记者最容易被裁掉。对于这样的改革，大部分人颇有微词，牵涉不到的部门员工也觉得不可理解。

因为作为一份颇有影响力的大报纸，又是每周3期，工作任务之艰巨可想而知。版面编辑和采访记者本就该各司其职，这样才能抓到更多一线的新闻，也才能编辑出更好的文章和版面。

就在这个消息即将公布之前，听到风声的王芳马上找到了上司马主编。王芳说了自己觉得这样改革不妥的想法，并向领导摊牌：如果报社如此改革，自己就辞去这里的工作，另谋他处。

作为采访和编辑能力都超强的顶梁柱，报社是坚决要保护好王芳的。她要是走了，报纸的半边天可就塌了。最终，领导层经过商榷，改变了当初的想法，只是进行了些许微调。这样，同事们的利益得到了保障，大家更对王芳高竖大拇指了。

可见，傻可以装，但不可以真傻，到了该聪明的时候就得聪明，该争取的时候就得争取。以自己的原则把握好事情的轻、重、缓、急，我们才能在处理事情时游刃有余、进退自如。这正是“小事不计较，大事不糊涂”最真实、最贴切的体现。

人无完人，无论多么优秀的人，必然存在某些缺点。因此，与人相处，总会有不如意之处，如果事事都计较，只会让自己陷入纠结与痛苦之中，倒不如随性一些、宽容一些，在守住原则与底线的同时，让自己“糊涂”一些。

要相互取悦，不要单向奔赴、事无巨细

有人问，什么样的感情才是最好的感情？

答案是——不远不近刚刚好，不浓不淡亦适中。

永远不要透支自己的情感，感情中只有适度地付出，才能获得比较理想的效果，即使是爱情，也不例外。遗憾的是，不少人一旦爱上就会毫无保留地付出，仿佛不对对方好上加好，就不足以表达自己的爱、自己的炽热，结果陷得越深，伤得越重。

明成是一个老实憨厚的男孩，他喜欢上了漂亮的“班花”。也许是觉得对方太美好了，明成生怕对方看不上自己，一直努力地表现，恨不得把自己所拥有的全部送给对方。“班花”说饿了，明成会跑八条街买她爱吃的慕斯蛋糕；“班花”喜欢上一个名牌包，明成会省吃俭用买给她；听闻“班花”减肥，他还会对着网络上的美食视频，变着法给对方做各种营养减肥餐；平时帮着“班花”打饭、打水、拿快递的活儿更是没少干，节假日的

小礼品也是必备的……

“我要用满满的诚意打动她。”明成信誓旦旦地说。

但“班花”对明成的态度始终不冷不热，这让明成郁郁寡欢。其间，他不断地询问“班花”原因，自己哪里做得不好他可以改，但“班花”对他的态度越来越不耐烦。

朋友纷纷劝明成不要再傻傻地痴情下去，明成却一如既往，“只要她对我笑，愿意跟我说话，我做什么都愿意”。

直到有一天，明成无意间看到“班花”投入了别人的怀抱。他委屈得几乎要哭出来，“我掏心掏肺地对她好，为什么她丝毫不在意我？”

我们都有这样一个误解：以为拼命对一个人好，对方就会反过来爱自己。这听上去似乎合情又合理，可事实证明，十段倾其所有的感情中，八九段都会以失败收场。

为什么呢？这一切都在于你对爱情的不设限，通俗地讲就是没有分寸。

爱情和感动、同情从来不是一回事。这不是爱，而是取悦。取悦，呈现出的感觉是离不开别人——你离不开我，所以才会对我这么好！时间久了，那个人是会习惯的，然后把这一切看作理所应当，对你的要求越来越多。当你不断牺牲自我，爱得越来越卑微时，你做的一切都会显得如此廉价。

在感情中一味付出、没有底线的人，其实也是不爱自己的人。如果一个人连自己都不爱，别人还怎么去爱你呢？只会给人看低你的机会。

而且，所有的付出者都是有附加条件的，就是希望对方也能够回馈给自己。当你的感情太过浓烈、太过沉重，往往会给对方带来心理压力。慢慢地，对方不愿意接受这种好，心里有一种负罪感，会慢慢疏远。负担越重，越是还不起，就越想逃走……这是一个恶性循环。

月满则亏，水满则溢，物极必反。爱，自然不可太满。一旦超过一定的限度，它会破坏彼此关系的根基，对方累，你也累。因此，哪怕是真的很爱一个人，也不要像飞蛾扑火般坚决，全情投入，倾其所有。爱一个人，不用付出全部的努力，最多爱到七分就够了，剩下的三分好好爱自己。

距离不远不近，感情不浓不淡，拥有这种分寸感，才能长长久久。

陈墨的家境普通，她长得也很普通，大学毕业后在一家私企做会计。虽说工资不算高，可她很知足，每天勤勤恳恳地工作着。虽然她现在单身，但她有一个暗恋的对象。对方在楼下公司上班，人不仅长得帅，而且能力突出。一次偶然的机会，两人在电梯里相遇，陈墨的心一下子就被“丘比特”射中了。

“喜欢就去追。”同事看出了陈墨的心思，怂恿道。

尽管陈墨知道看到喜欢的人要主动争取，但她还是按捺住了自己的心。再遇到对方时，她只是微微一笑，不献殷勤，也不张扬。除了做好日常工作，她很少逛街，不去泡吧，大部分的时间用在看书、学习插花、做瑜伽等事情上，源源不断地增强自己的内在美。这让她整个人的气质显得温婉大方。

或许正是这种淡雅吸引了对方，对方随即主动对陈墨展开追求。尽管陈墨非常喜欢对方，但她也会提醒自己一定要克制。正如她自己所说，“哪怕你真的很爱这个男人，哪怕这个男人多么优秀，你也不能被冲昏头脑，一味地付出自己的全部。你本身先得有价值，你的付出才会被人重视。”

那个男人呢，反而觉得陈墨很珍贵，很有魅力，于是更加珍惜她。

无论在爱情中，还是婚姻中，无论你是男是女，都要明白，爱情需要的不是奉献和讨好，而是尊严与吸引，彼此关心、爱护、照顾，以及心与心的交流。给予别人的爱适可就好，好好地爱自己，好好地经营自己，才是获得稳定爱情的基础。这样你才能让人又爱又敬，看到爱情最美的模样。

最美的爱情，莫过于我爱你的时候，你也正好爱着我。我们互相取悦，双向奔赴，有付出也有回报，温而不谄，方能长久。

篇二

良：处世的礼仪与规矩

第三章

直而不僵：

刚正朴重，亦不失方圆中正

说话有分寸，做人有教养

说话的分寸，就是做人的尺度。那些有着顶级魅力、极好教养的人，都有着恰到好处的分寸感。可惜的是，很多人说话口没遮拦，总是让人下不来台，末了还要挥挥手，满脸不在意。若是别人介意，他便说自己只是太直爽、说话直，甚至怪别人小气，开不起玩笑。

然而，没有人愿意忍受别人的口无遮拦，更没有人愿意接受别人的毫无礼貌。人们欣赏直爽的人，是因为他们真性情、不虚伪、不做作，感情直白而热烈，不会故意讨好不喜欢的人，也不会有什么阴谋诡计。但直爽不等于没分寸，更不是不善良。那些口无遮拦的人，都是拿“直爽”当借口，说着不善良、不为人着想的话，内心也是不善良的。

别人穿了一条新裙子来上班，他便当着所有同事的面，心直口快地批评：“这裙子不适合你啊，你那么胖，穿着跟个水桶似的，真不好看。你还是买那种宽松点儿的，遮肉，不然肚子都凸出来了……”

别人找了一份新工作，兴致勃勃地拉上朋友准备庆祝，他却开始絮絮叨叨：“这工作你能干得了吗？我又不是不知道你这人平时都什么样，性格内向又木讷，不会讨好人，连说几句漂亮话都不会，以后怎么和客户打交道啊？要我说，你还是太冲动了，这年头，能安安稳稳多好，非得去好高骛远。我说这庆祝会还是不要办了，万一过不久你就失业了……”

别人交了男/女朋友，沉浸在甜蜜的幸福中，他撇撇嘴，一副看透一切的样子，开始念叨：“你眼光也太差了，那人长得一般，身材一般，家境一般，连工作都一般，你还跟捡了个宝似的，太傻了……”

秦璐的一个朋友就是这样的人。

一次聚会上，秦璐突然告诉大家，她准备辞职，和男朋友一起创业。说到高兴之处，秦璐把和男朋友一起制订了许久的创业规划也粗略地向大家讲述了一番。听了秦璐的话，朋友们纷纷给予了鼓励和祝福。

就在这个时候，其中一个人突然一脸沉痛地拉着秦璐的手，絮絮叨叨地说道：“唉，秦璐，你是不是真想好了啊？我觉得你实在是太冲动了，真的，这一行根本就不适合你。人一定要有自知之明，你看看你自己，性格呆板，又不擅长交际应酬，还是稳稳当当在公司里赚工资比较合适……再说了，你和你男朋友一起创业，就以你的能力，以后肯定是压不住你男朋友的，万一到时候他把你甩了，你可就真的什么都没了……我说秦璐，做人呢，真不能就凭一腔热血，得知道自己的斤两……唉，你也别怪我说话难听，我这人就是这样，有什么就说什么，也是为了你好……”

好好的一场聚会，就因为这一通“直爽”的话，弄得大家都很尴尬。尤其是秦璐，原本的满面春风已经变成一片寒霜。

好好的一场聚会，算是彻底被这位“有什么说什么”的“直爽”人士给彻底毁掉了。退一万步说，即便正如他所说的那样，他说这些丧气话完全是出于对朋友的关心和担忧，但恐怕也不会有任何人在听完这番话之后，会对他的“好意”表示感谢。再者，不管做任何事情，都不可避免地需要承担失败的风险，这位“直爽”人士又凭什么断定别人就一定会失败呢?

面对这样的人，根本不会有人愿意忍受，更不会愿意和他做朋友。不管什么时候，做人都应该善良，做到有礼貌、有教养，顾及对方的感受，懂得换位思考。就是你没有恶意，也应该注意说话的方式，因为语言的表达方式有很多种，即便是同样的意思，也完全可以用不同的方式来表述，而不同的表述方式带给别人的感受自然也是不尽相同的。

不以“直爽”做借口，不由着自己的性子，想说什么就说什么，而是做到有分寸地说话，体谅听众的立场和心情，自然会得到别人的尊重和喜欢，成为备受欢迎的人。

多一些包容与谅解，少一些计较与怨恨

人与人之间相处，需要相互谅解，相互包容别人的过错和缺点。尤其是朋友之间，更应该多一些包容与谅解，少一些计较与怨恨。真正的朋友，虽然难免会产生矛盾，甚至对彼此造成伤害，但不会对此耿耿于怀。如果无法做到这一点，从严格意义上讲，就算不上真正的朋友。

我们知道，人无完人，朋友也不例外。如果我们因为朋友偶尔的过错就完全将他否定，以至于不再信任他了，这不仅是对朋友的背叛，也是对自己的背叛。当被朋友伤害的时候，我们不妨冷静下来，和自己的内心对对话：这个朋友是自己寻觅到的，可以说来之不易；过错真的不可以原谅吗？如果换一下位置，对方不原谅我，我会有怎样的感受呢？

事实上，真正的友谊是经得起狂风暴雨的打击的。只要我们能够多给予朋友一些善良与包容，那么对方也会以最大的忠诚回报我

们。这正是友谊的真谛。

两个好朋友一起在沙漠中旅行，旅行途中，他们因为产生矛盾而吵架了。其中的一个，性子很急，脾气暴躁，吵着吵着，就给了另一个人一个耳光。被打的那个觉得受辱，可他却没有还击，只是一言不发，在沙子上写下一句话：“今天我的好朋友打了我一巴掌。”

随后，他们继续向前走，虽然都保持沉默，但打人的那个心里暗暗内疚，他心想：“我动手打了他，可他却没有跟我翻脸，他是我真正的朋友。”

这一天，两人走到一片沃野，他们决定停下来休息一会儿。

前几天被打的那个人走近深水潭边，准备喝点水。可是由于这几天的行程太疲惫，他有点晕眩，一不小心栽到深水潭，差点被淹死。那个曾经打他的朋友见状，赶忙过来，拼命救他出来。

落水者被救起后，他拿出随身带的水果刀在石头上艰难地刻下这样一句话：“今天我的好朋友救了我一命。”他的朋友在一旁看到后，好奇地说：“为什么我打了你以后，你要写在沙子上，而现在却刻在石头上呢？”被救者微笑着回答说：“当被朋友无意地伤害时，我要写在最容易忘掉的地方，让风把它吹走；当受到朋友的帮助时，我要把他刻在最深处，任何风都无法将它带走。”

此时，一旁的朋友看着他，两个人的眼里有晶莹在闪烁……

《太上感应篇》中说：“善恶之报，如影随行。”其实，人都是善良的，我们用善良去对待朋友，原谅了别人，也放过了自己。

日常生活中，即便是最要好的朋友也会有产生矛盾和摩擦的时候，我们也许会因这些摩擦而分开。但每当夜阑人静，我们遥望星空，总会想起那些美好的记忆——关于友谊的点滴美好。事实上，对任何人而言，真正的朋友都是我们一生中极为珍贵的财富，我们绝不能因为一时的矛盾而将朋友放弃、将友谊掩埋。若是不包容、不谅解，时时想着报复，也将让自己沉浸于痛苦，遭受更大的伤害。

我们应该让自己知道，没有不犯错的人，我们、我们的朋友都不例外。当朋友犯错或者做出伤害我们的事情后，我们应该压制自己的怒气，学会原谅，学会宽容，多给朋友一些谅解。这样，朋友会因为我们的宽容和信任回馈我们更多，此时，朋友间友谊的大厦也就越来越牢固、越来越美丽。

聪明反被聪明误，傻人自有傻人福

中国人喜欢聪明的人，但不喜欢太过于聪明的人，而是喜欢那些大智若愚的“傻人”。事实上，能有大智慧和大成就的人，通常都是那些让人觉得愚蠢、犯傻的人。那些自以为聪明的人，却没能从自己的聪明上获得什么好处，反而因为他们比别人多这么一点“聪明”，处处被人厌恶，事事都不容易成功。

其实，很多人误解了聪明与“傻”。我们要认识到一个问题，那就是真正的聪明人，绝不会以“聪明”面貌示人，也不会过于精明。真正的聪明人，是自信的，能看清自己的优势，并善于学习与思考，懂得为人处世的礼仪与规矩，懂得严于律己、宽以待人。

人们喜欢的那些“傻人”，也绝不是头脑愚笨、智商低的人。他们容易知足，有吃有穿就幸福，别人再好的东西也不羡慕。因为简单、纯真，想得少，便轻松了自己，长寿了身体，不去绞尽脑汁地算计与琢磨，活得自在，活得坦然。

他们善良、友好，能给人以信任，给人以安全，让人感到一种发自内心的真诚和友好。他们没有那么多的敏感多疑，屏蔽了锋利和残酷，脾气非常随和，心性也十分宽容。

《阿甘正传》里的阿甘，就是人们喜欢的那种“傻人”。

阿甘是一个智商低于80、从小呆头呆脑的人。他思想简单、目标单一、行动始终，被所有人以“傻子”呼来唤去。然而，全美足球明星、越战英雄、亿万富翁，这些头衔又不断地被阿甘得到。

当一群孩子要欺负阿甘的时候，他的女伴告诉他快跑！脚跛的他单纯地听从了，没命地跑，快得超过了正常的男孩；球场上，教练告诉他：“什么都别想，抢着球就跑！”他又单纯地听从了，结果他跑来了大学毕业证，跑成了“球星”；越南战场上，他的上级告诉他：“遇见危险就跑！”他再次单纯地遵从，最后不但平安归来，还跑成了“国家英雄”。

对于这样的“傻帽”行为，阿甘在立志要完成好友生前心愿一事上给出了回答。他没有考虑做鱼虾生意会给自己带来什么好处、什么恶果，只是单纯地认为好友的心愿自己必须帮他完成。人们嘲笑他的这一举动，而阿甘只是毫不介意地回答：“傻人做傻事。”

老子说：“少则得，多则惑。”知道得越少，反而收获越多；知道得越多，反而会越迷惑。正因为如此，简单、纯明的人更容易成功。阿甘的思维方式跟常人比起来要简单得多，不会考虑他的行动将会带来多少好处，只是认为这是应该做的，他就会去做。阿甘善于把所有的问题都简单化，简单到只剩下直奔成功。

可以说，他的头脑非常单纯，对一切事物似乎都茫然无知，如一个刚出生的婴儿一样纯真。由于他的傻，阿甘在做一件事的过程中，可以摒弃许多凡人所具有的疑思顾虑、患得患失；一旦认定目标，就会完全投入其中，达到浑然忘我的境界。阿甘通过自己独特的思维方式将复杂的万象简单化，而常人却往往无法摆脱自身定向思维的框架，将自身的思维方式作为衡量的尺度，进而把眼光局限在事物的表层，忽略了事物的本质。

往往，傻人因为他的简单和实在，给人一种安全感和信任感。和这样的人在一起，不用防备算计、担心陷阱，身心自然也就放松了。在这样的人面前，人们很容易确立自己的优势；有了自信，对方也就变得随性，彼此之间就和谐了。

赵迪没有什么文化，因偶然的机会在家乡搞起了日用品批发，做起了分销商。

他做生意与别人不太一样：在与每个分销商分红时，赵迪主动提出自己拿小头，大头给对方。如此一来，凡是和他有过接触的人，都成了他的“回头客”，不仅愿意再次与他合作，还会给他介绍一些朋友。时间不长，赵迪在圈子里就有了厚道的口碑，生意出奇地好。仅仅两三年时间，他就摇身一变成为一名总经销商。

在被问及成功秘诀时，赵迪总是憨憨地笑。其实他知道，把许多小头集中起来便成了大头，他才是真正的赢家。

所以，“傻”是一种真正的聪明。当然，这里的“傻”，是胸怀的坦诚和单纯，是与人为善的纯真与质朴。心地纯净，私念就少，烦恼也就少。单纯善良，算计就少，纷争也就少。

换句话说，在生活中，我们千万不要太聪明。凡事太精明计较，凡事想得太多，隐患也就越多，只会害人害己。保持着简单与纯真，保持着善良与坦诚，自然也就傻人有傻福，做事更加顺畅，做人更加舒畅，生活也更轻松自在。

少说一点是美德，看破不说破是善良

人生而无知，但并不愚蠢。生活的磨炼，让中国人从小就练就了很多本领，能看透太多的东西。然而，人与人之间，最体面的善良，就是看破一些东西，却在该闭嘴的时候闭嘴，保住对方的面子与尊严。

有些事，是不能说的；有些事，也是不必说的。诸如，别人受到过的伤害，无法说出口的苦衷；又诸如，别人为了面子而说出的一些大话、谎言，为讨好他人而说出的奉承话、场面话。看破了，不说破，是美德，更是善良。

有人觉得，这样的行为是虚伪、做作。为人处世，就应该大大方方，毫不遮掩。殊不知，人生不只是简单的对与错，更不是简单的曲与直。不懂得在该闭嘴的时候闭嘴，戳破人家，伤了别人的面子与自尊，也会害了自己。

李来喜欢直来直去，绝不口是心非，甚至一看到别人说谎的行为，就想立即揭穿。然而，就是因为这样，李来与朋友严肃发生了一件不愉快的事情。

严肃是李来的大学同学，手里随时拿着书。“我喜欢读书，这是我最近正在读的一本书”，这是他和人自我介绍时的口头禅。这样的他给人留下爱读书的好印象，然而实际上他平时很少看书，只是学会了用“附加身份”来证明自己。

这天，李来和严肃一起外出，严肃和一位学妹搭讪，并像往常一样自我介绍。

学妹不了解严肃的内情，一边好奇地翻看那本书，一边发出恭维的赞叹声。这让严肃获得了很大的满足感，走路时他都在哼着小调。学妹知道李来和严肃关系一直很好，便偷偷向他打听：“严哥这么厉害？”

李来嘴角露出一丝笑意，毫不留情地说：“他这人说话水分大，一拧就是一大把水。”

学妹心领神会，捂着嘴笑了起来。

这一幕，恰好被严肃看到了。李来看到他的脸色倏地变得通红，但并没有当回事，心想，只准你瞎扯谎，就不许别人道出真相吗？

没一会儿，严肃将李来叫了过去，指责他和学妹说了实话。

对此，李来实在忍无可忍，历数他因为吹大话而吃过的亏，希望他能明白“信口雌黄没有好下场”这个道理。

没想到，严肃竟然生气了，说李来揭他的短，就如同打他的脸，让他丢了面子。

之后的两个星期，严肃都没有和李来说过话。

后来的一段时间，李来才慢慢想通，严肃因为爱慕虚荣而撒个小谎，这并没有影响到别人的生活，一句“不了解”就能保全他的面子，自己又何必让他难堪呢？一语道破并不可贵，相反还可能惹人反感。然而，李来明白得太晚了，严肃心中已经有了疙瘩，不再愿意与李来亲近。李来很后悔，只能不时提醒自己，很多事情，看透即可，不必说透。

说话、做事，都应该不失方圆之道。做一个头脑清醒的旁观者，一个心怀善意的教养者，这是我们都应该学会的，也必将有助于我们维持更好的人际关系。正如一句话所说："人情留一线，日后好相见，看透不说透，还是好朋友。"

没有人喜欢被欺骗，但要看说谎的人动机是什么。一般来说，说谎的动机归为三大类。第一类，讨别人欢心；第二类，夸耀自己；第三类，自我保护。如果察觉了一个谎言，你不妨去深度理解，他为何说谎？

法国哲学家卢梭说："为自身利益撒谎，那是欺骗；为他人利益撒谎，那是诈骗；为了陷害而撒谎，那是造谣中伤；诸如此类都是最坏的撒谎，而对自身和他人都无害亦无利的撒谎，那不算谎言。那只是虚构而不是撒谎。"

如果有人只是为了面子，或是自己的利益，撒了一些无关紧要的小谎，碍于对象、场合和时机，我们不一定非要去"揭穿"，完全可以通过技巧来提示对方，让对方心里明白即可。有的谎言并不低劣，有的揭穿别人谎言的目的并不高尚，人成熟的标志之一就是能够容忍适当的谎话。

他人的谎言，或许有苦衷，或许是难言之隐。即便他只是为了自己的面子，我们也不应该轻易地去揭穿。学会闭嘴，学会给别人保留面子，也是一种体面的善良。你善待别人，才能获得别人的善意。

互容才能互利，互容才能共进

中国人从来不缺容人的雅量，能容别人的长处，也能容别人的短处；能容有本事的人，也能容有过错的人；能容帮助自己的人，也能容得罪自己的人。

容人之度，是包容，也是友善；是胸怀，也是心境。是为有容乃大，无容则小。所以，王阳明认为，容人是大智慧，能容人者，才能成大器，“能下人，是有志；能容人，是大器”。我们要懂得容人的真谛，要学会包容。你容得下别人，别人才能容得下你。互容才能互利，才能共进，彼此都有一番作为。

狮子和野驴的寓言，恰好说明只有容得下别人，才能成全自己；不容人，有嫉妒之心，有打压之意，恐怕只会让人远离，最后付出双倍努力却一无所获。

在森林王国里，动物们都在为了能够更容易地捕获食物而极尽所能，唯独野驴和狮子聪明，选择互利合作，还专门缔结了条约。

条约明确规定了双方的分工：因野驴有耐力，跑得远，所以专门负责寻找食物；狮子的爆发力成就了它天生猎手的属性，因此负责捕捉食物；二者结合在一起共同发挥作用。因为狮子在百兽之中的地位，野驴同意每次捕获到食物后由狮子来分配。

果然，它们总能比其他动物更加迅速地捕捉到肥美的食物。这样的合作让双方都尝到了甜头。

然而，时间一长，双方就慢慢暴露出自己的缺点：野驴脾气不好，经常顶撞狮子；狮子秉性霸道，因此常感觉自己的权威受到挑战。这次他们合作获得了大量的食物后，按照以往的惯例由狮子来分配，可狮子却把食物分成三份，并且霸道地说："我拿第一份，因为我是百兽之王；第二份也应归我，因为这是我们合作中我所应得的；至于第三份，我们可以公平竞争，不过你要是不赶紧滚开，把它让给我，你恐怕就要大祸临头，成为我的第四份美餐了。"

野驴又气恼又羞愤，终究还是离狮子而去。可是，把野驴赶跑后，美食很快就吃完了，狮子不得不开始了它独自的狩猎之旅。因为没有了野驴的帮助，狮子再也不能轻松地捕获像以前一样可口的肥美之物了。当狮子饥肠辘辘的时候，他不由得想起了野驴。

狮子拥有强壮的力量和爆发的速度，善于捕捉；野驴耐力超群，有长跑之力，善于寻找。二者的合作可谓相得益彰，能将优势最大化。狮子善捕捉食物，野驴拥有耐力，善寻找食物，两者结合，当然完美，只可惜狮子为了眼前的利益，不能容下他物，还把野驴赶跑了，最终自己也吃不上肥美的食物了。

《管子·形势解》中言："海不辞水，故能成其大；山不辞土石，故能成其高；明主不厌人，故能成其众。"大海能包容每一滴水，所以成就了它的广博；大山不拒绝每一粒尘土，所以才能挺拔高耸；智明的人不会厌恶各路人才，所以能形成他的大众之势。

可以说，一个人多能容人，就能成大器。一个人的胸怀有多大，舞台就有多大。为人处世时，难免会出现与我们自身不一致的行为和声音，容不下反对者，只会让自己越来越孤独；同样，我们身边难免有比自己能力强的人，容不下强者，心生嫉妒和狭隘之心，只会面临着失败与堕落。

不管什么时候，真正懂得处世方圆的人，都是有容人的胸怀的人。正所谓“海纳百川，有容乃大”。只有容得下一切可容之人、物，才能拓宽自己的视野，成就更广阔的天地。

容人，较之嫉妒、排挤，较之苛求、怨恨，是何等轻松惬意。容可容之人，让自己的胸怀大一些，让自己的态度友好一些，成大器便指日可待了。

弱者只会逞强，强者才懂得示弱

胸有沟壑之人，懂得藏巧于拙，知晓以屈为伸。这是中国人保全自身的处世方法。逞一时之勇，只会让自己受伤，因小失大；学会主动示弱，伺机而动，才是聪明的做法，才是长久之计。

就好像当压力已经大到超过我们脊柱所能承载的最大负荷时，适时地弯腰和躲避便是为了不至于永久折断。为了避免自己受到伤害，我们必须避免和对手的正面冲突，远离危险，并且为自己构筑一道防火墙。

在战场上作战也好，在生活中为人处世也罢，如果力量对比过于悬殊，那就只能采用游击战术，敌进我退，敌困我扰。退避不是认输，更不是放弃，为的是保存实力，迷惑敌人，等待时机成熟的时候反败为胜。

在自己处于明显劣势的情况下，能够主动退后一步，没有必要“硬碰硬”，这样才能够为将来蓄势。

春秋的时候，晋献公听信谗言，把太子申生杀了，又派人捉拿申生的弟弟重耳。重耳闻讯，逃出晋国，在外流亡十几年。

重耳经过千辛万苦，来到楚国。楚王知道重耳曲折的经历，十分看好重耳日后的发展，因此，为了稳住重耳，将他以国君之礼相迎，待他如上宾。

一天，楚王设宴招待重耳，两个人推杯换盏，聊得十分高兴，气氛也十分融洽。聊着聊着，楚王突然问了重耳一个问题："你若有一天回到晋国当上国君，该怎么报答我呢？"重耳心里突然一震，但是表面上没有表示出来，他平静地说："大王待我如同上宾，每日华服美食款待得十分周到，重耳来日若能得势，一定会知恩图报的。只是楚国物产丰富，人杰地灵，要美女有美女，要珍宝有珍宝，大王真是无所不有了。晋国地薄人穷，要什么没什么，哪有什么珍奇物品献给大王呢？"

楚王听了重耳的话很高兴，他又说："公子过谦了，话虽然这么说，可总该对我有所表示吧？"重耳笑笑回答道："要是真如大王所料，重耳能够回国当政的话，我将与大王和平共处，无不侵犯。即使有一天，晋楚之间不得不发生战争，我一定命令军队先后退九十里的距离，然后和大王坐下来谈和，如果还不能得到您的原谅，我再与您交战。"

重耳的话软中带硬，隐隐地带有杀气。重耳当时已经意识到，将来如果他夺回晋国国君之位，很可能会跟楚国开战。四年后，重耳果真回到晋国当了国君，就是历史上有名的晋文公。晋国在他的治理下日益强大。

公元前633年，楚国和晋国的军队在作战时相遇。晋文公兑现了他当年许下的诺言，下令军队后退九十里，驻扎在城濮。楚军以为对方害怕了，马上追击。晋军利用楚军骄傲轻敌的弱点，集中兵力，大破楚军，取得了城濮之战的胜利。

很多时候，不知进退，一直向前，只是匹夫之勇。适时地弯腰不是一种屈服，而是为了不直面强力，以免折损。这才是有勇有谋的表现。

重耳深知自己的处境，深知与楚王的力量悬殊，甚至连自己的身家性命都完全在人家的掌控之中。因此，他没有逞强，而是主动示弱，不仅称赞和恭维楚王，还在能躲避的时候尽量躲避。正因为这样，他为积蓄力量、壮大自己争取到了机会，也实现了人生逆转。

人这一生，不管是遇到比自己强大的对手，还是遇到一些险恶的小人，都需要懂得示弱和退步。不管是在实力还不够的时候，还是时机不成熟的时候，都要学会表现出笨拙、屈服，然后暗中积蓄力量，等到机会。千万不要逞血气之勇，也千万不要认为“士可杀不可辱”，宁可吃眼前亏，也不示弱和退让。

要知道，现实是残酷的，敢于直面敌人，敢于作战到底，才是勇敢与无畏。明知道是鸡蛋碰石头，明知道硬碰硬也伤不了对方，仍坚持逞强，那就是愚蠢。

示弱，不是认输，也不是逆来顺受，而是一种聪明的变通。中国人向来懂得审时度势，懂得在弱势的时候不逞强，隐藏锋芒。在必要的时候，主动示弱，可以理解为保存实力，也可以理解为蓄势待发。总之，他们总是能在退一步后抓住机会，得到自己想要的成功，实现人生价值。

第四章

善而不居：随缘乐助，别把自己当成救世主

不以恶小而为之，不以善小而不为

善良，是中国人的一种美德，也是人们发自内心的表达。如果没有一颗善良的心，就无法散发出善良的魅力。如果你没有一颗善良的心，就无法体会这世间的美好。我们渴望别人能善待自己，同样也要学会对别人报以善良。

在我们的生活中，很多事情很小，但我们不能忽视这些小事。或许就是因为做了这些小小的善事，而让我们的人脉更丰富，让我们的生命更美丽，让我们的生活更充实；或许就是因为没做这些小

小的善事，而令我们后悔很久，负疚很深；或许就是因为这些小小的善事，改变了别人的一生，我们也曾为做过而使自己的情感得到慰藉和升华。

一位公司老总在一次慈善活动中讲述了一个故事。

那是一年春天，他从乡下到城里的一家鞋厂做学徒工。条件很艰苦，每天需要早晚加班，住的地方是一间光线阴暗、年久失修的老屋。因老屋位于临街的胡同，无处拴晾衣绳，致使被子潮了没法晒，衣服洗了也只能挂在弥漫着霉味的屋内风干。

这在他看来，只是一件小事，没有必要跟别人说起，自己忍忍就过去了。

一天晚上，几个同事聚会，他说起了晾晒衣被的种种不便。没想到，第二天，一位同事就领着他来到街对面的一个宽阔的院落，指着院子里拴着的一溜晾衣绳对他说："我以前也在这儿住过，这里的人都挺好的，你以后就把衣服、被子拿到这里来晾晒吧。"

从此，他就把衣被拿到那里去晾晒。在日光下晒过的被子，暖暖的，盖在身上很舒服，睡在暖和的被窝里，他感到一天的疲劳也消散得无影无踪。刚开始的时候，他害怕有什么闪失，所以晾、收衣被都很及时。日子久了，他发现这个院子的人都挺和善，有好几回衣服忘记收，等想起来再去看时，衣服仍旧安然地挂在那儿。

一天中午，他又把被子抱过去晒，可是没想到过了两个小时，就下起了大雨，而他因为工作走不开，只好等下班才回去收被子。等他到了那院子的时候，发现自己的被子被人移到了屋檐下，一点都没有被雨淋湿的痕迹。

他抱着依然充满阳光味的棉被往回走着，眼眶里溢满热泪。就在那一刻，他暗暗下定决心：一定要干出一番事业，来报答这个城市里那些善良而富有爱心的人。

事后，老总感慨地说："一个人成功可以有许多理由，如果说我现在算成功了，那么促使我成功的就是这个故事，是他们的这一温暖的举动给了我奋斗的信心和动力，我现在要用我微薄的捐献来感谢那些善良的人。谈不上回报，只是因为，有些温暖，犹如火炬，需要不断地传递下去。"

善，不分大小。小小的善意，就可以让人体会到温暖；一点点的帮助，就可以拉人出困境，产生一种积极而长久的力量。

人生在世，我们不能把自己当作救世主，但应该有个基本的生活态度，做到不以恶小而为之、不以善小而不为。善事，可以有大小，但是善心不能区别对待事的大小。山不拒细壤，才能成其高；海不拒细流；才能成其大。坚持做小的好事，才可能做大的好事。

然而，有的人虽然想做大好事，却对小好事不重视，懒得去做。犹如后汉时期的陈蕃，高喊着："大丈夫处世，当扫除天下，安事一室乎？"但是，不妨想一想，"小善"尚且不去"为"，怎么能为"大善"呢？

任何事情都不是一下子可以完成的，都需要从量变到质变的过程。古人说："合抱之木，生于毫末；九层之台，起于累土。"积少可以成多，积小可以变大。任何有成就的人，都乐于"善小而为之"，并且自觉做到"不以善小而不为"。

因此，千万不要看不起小事，总想着不行"小善"，只空想"大善"。人生在世，有一颗善良的心，但行好事，不分善的大小，坦坦荡荡，乐善好施，道路才越走越宽。

关照别人，也是关照自己

人与人之间的友善是相互的。很多时候，我们与人为善，其实就是与自己为善，予人方便，其实就是予自己方便。如果我们想在人生中得到快乐，就不能只想到自己，而是应该多想想别人。如果我们想得到别人的关照，那么就不能只想着满足自己的需求，而是多考虑别人的需求，或者把别人的需求放在首位。

关照别人，只需要多一些理解，多一些设身处地，就会有意想不到的收获。关照，是最有力量的方式，也是一条引领我们走出黑暗、走向光芒的道路。

其实，就人的本性而言，利益当前，我们常常最先想到的是自己，通常先满足自己的所需和所求，却很少顾及别人。甚至有些时候，当我们发现别人做着一些对他人有好处，却对自己“毫无用处”的事情，甚至会嘲笑他们，讥笑他们傻。

岂不知，这些我们所认为的“傻人”才是真正的聪明人。因为他们厚道的爱心，在给别人带来温暖的同时，也为自己积累了爱心的回馈。换句话说，为别人提供帮助的时候，其实也等于是关照了自己，帮助了自己。

古时候，曾经有个商人，一天夜里，他走在漆黑的路上，由于没带照明工具，只能小心翼翼地走着，同时心里很后悔没带照明工具。

这时候，前面忽然出现一点灯光，一点点向他靠近。由于灯光的照射，附近的路清晰起来，商人走起路来也顺畅了一些。等他走近灯光的时候，才发现居然是一个盲人在提着灯笼走路。

商人不解地问盲人说："你已经双目失明，灯光对你起不到任何作用，你为什么还要打灯笼呢？这样岂不是在浪费油吗？"

听了商人的问话，盲人认认真真地回答道："我是看不到路，可是这么漆黑的夜里，行路的人也都看不到路，说不定他们会撞到我。我提着灯笼走路，就可以让别人看见我。这样，我不就不容易被撞到了吗？"

这个故事很值得我们沉思：盲人是聪明的，拥有大智慧，因为他懂得给予是相互的。

每个人的心里都有善良、友好，而我们的生活不仅有阳光和美好，还有阴云密布和风吹雨打。在我们给予别人友爱、帮助、宽容之后，就会明白一个道理：关照别人，其实就是在关照自己。遇到泥泞的时候，不忘关照别人，自己也将很快越过泥泞，看到阳光和美好。正如印度谚语所说："帮助你的兄弟划船过河吧！瞧！你自己不也过河了？"

至此，我们可以说："给予别人就是给予自己，'善心'是从不损失的最好的投资！"这一真理可以让我们学会付出真正的爱与善良，也必将让我们赢得真正的回报。

倾听与耐心，是一种无声的抚慰

我们在世间行走，有了快乐的事，第一时间就想与人分享，遇到苦闷的事更是想向人倾诉。通过倾诉，我们可以疏解情绪，排解压力，以获得理解和支持，拥有信心和力量。

同样，我们渴望倾诉，别人也渴望倾诉。所以，如果有朋友、家人或同事想要倾诉，我们应该做好倾听者，给予其足够的耐心与尊重，最好是做到将心比心。实际上，在人与人的交往中，倾诉是表达自己，倾听是了解别人。倾听作为沟通中的一部分是必不可少的，甚至有时比交流更重要。

倾听，尤其是耐心和用心地倾听，是一种无声的抚慰，代表着接纳、理解与支持，能安抚别人受伤的心。相反，如果过分重视倾诉，而忘了倾听，回避做一个倾听者，可能给对方造成很大的伤害。一个人倾诉无门、苦闷无处排解的时候，可能会做出令人无可挽回的事情。

这是发生在吴锐身上的真实故事。

吴锐参加工作的第一年，由于相关经验的匮乏，很长一段时间，他都感觉工作起来不得心应手。为此，他每天除了吃饭、睡觉，时间全部用在工作上。

一天，吴锐突然接到一位老同学打来的电话，说想找他聊聊。老同学说毕业后一直感到工作很吃力，而恋爱了两年多本打算结婚的自己却突生变故，女朋友离开了他。

吴锐和这个同学是大学期间的好哥们，可以说是无话不谈。不过毕业后，大家一直各忙各的事，只是逢年过节时才互相联系问候一声。接到电话的那几天，吴锐正在为一个项目忙得焦头烂额，真的是分身乏术。于是，他就推脱有事，说过几天再去找他。

之后，他又投入了堆积如山的工作中，很快就把这件事忘记了。一周后，他接到了同学父亲打来的电话，通知他去参加同学的追悼会——他自杀了。

家人在现场发现一封遗书，从中了解了他死前的状态。他说这个世界上已经再没有值得自己留恋的东西了，他对这个世界充满绝望：工作的压力、爱情的失败，就连想找人聊聊天都无人回应。万念俱灰下，他选择以极端的方式离开这个自认为已没有什么意思的世界。

吴锐忽然感到自己是个罪人，陷入了极度的悔恨和自责中。想起一周前同学给自己打电话时，自己没有好好听他的倾诉，匆忙敷衍了事——这也是他寻短见的原因之一啊！自己就真的挤不出那几十分钟的时间吗？就真的有那么忙吗？也许再多听他说几分钟，也许再多说一句安慰的话，结果就不是现在这个样子了。可是，吴锐没有听，也没有说给他听，他感觉自己永远也不能原谅自己。

我们总是习惯主动地寻找倾诉对象，做倾诉者，而回避做倾听者。或许，回避倾听的原因有很多，但不管怎样，慢慢地，人们之间的交流少了，缺少了爱与关怀，缺少了理解与支持，甚至变得越来越淡漠。

换句话说，我们不能把倾诉当成一种理所当然的习惯，不能只让别人理解自己、帮助自己，而忘了倾听别人，忘了给予别人爱与支持。在倾诉的同时，我们也要学会倾听，分享自己的喜悦时为别人的幸福感到快乐，释放自己的情绪时抚慰别人的不快，这才是真正的快乐。

别人向我们倾诉，是出于对我们的信任，不管我们的建议或解决方法是什么，都无关紧要。对于倾诉的人来说，只要我们认真倾听，给予理解，拥有共情，就可以让他的情绪得以排解，压力得以释放。

倾听是我们对别人最大的尊重，也是对别人最大的善意与关怀。倾听犹如炎夏中的一缕清风，吹散笼罩在心头的枯燥与烦闷；又似划破漆黑夜幕的流星，给人以美好的希望。渴望倾听之人对倾听的向往，如同“青青子衿，悠悠我心”般迫切。

因此，做一个有耐心倾听的人吧！认真倾听来自心灵的声音，领略分享与分担的真挚，如此便能找回本善的感动与心安。

放下功利心，帮人不图报

善良是一种自觉，是一种发自内心的愿意对别人好、愿意帮助他人的本性。善良的人，懂得为他人着想，对别人好，做的事很快就会忘掉，并不会牢记心中，更不会图对方的回报。

他们始终认为，既然要付出就心怀单纯而无私的心，不图回报。不声张地做着内心认为应该做的事情时，自然心情就坦然了，事情也就简单了。如此，不仅会感觉到奉献的乐趣，也会让很多复杂的事情不再劳累双方的身心。

就好像天使一般，走过的路不留声音，做过的事不留痕迹，默默地为他人付出。帮助别人的时候，他们也给自己带来了快乐。一种来自内心深层最深厚、最崇高的自我认可，让他们感到安宁而祥和。这与虚荣无关，更与回报无涉。他们更喜欢做默默做事的好人，享受帮助他人的快乐，同时也让付出的美妙感受更加持久。

繁华的巴黎街边，一个衣衫褴褛、双目失明的老人像一尊铜像一样站立在那里。他并不像其他乞丐那样伸手向过路行人乞讨，而是在身旁立了一块木牌，上面写着七个字："我什么也看不见。"

巴黎大道上的行人熙熙攘攘，川流不息。很多路过这个牌子的人停住了脚步，看了看，叹了口气，摇了摇头——虽然这不会让他们付出太多，但几乎所有的人都对自己能够识破这个"骗局"的自作聪明而感到暗自庆幸。一天下来，老人依然两手空空。

这天中午，一位诗人经过这里。他看看木牌上的字，思索了一会儿，掏出笔悄悄地在那行字的前面添了几笔，就匆匆地离开了。

当天晚上，老人的妻子照例来帮他收拾东西回家。当她看到老人的收入竟然比平时多出好几倍时，忍不住问他这是怎么回事。

盲老人笑着回答说："亲爱的，我也不知为什么，下午给我钱的人多极了。"

"是吗？那到底发生了什么呢？"妻子自言自语地嘟囔着。

"一下午，我听到他们都这样念道：'春天来了，可是我什么也看不见！'然后就往我的盆子里扔钱。"老头儿依然乐呵呵地说。

这位诗人的伟大之处在于，他赋予语言以巨大的魅力；同时，他是善良的，默默地付出自己的爱心，从不图回报，也从不炫耀自己的"善举"。因为他知晓，如果只做一件好事，就时时想着要回报，那么这样的"好事"就成了一种交易，一种炫耀。

生活中，喜欢帮助他人的人不少，喜欢献爱心的人也不少。但是，一些人只要做了件好事，就一定要千方百计地在别处提起，以求得他人的认可，甚至还要求对方写表扬信、送锦旗，生怕自己的"好事"白做了。或者，在为他人行方便的时候，总会有意无意地提醒对方自己的付出，以使得别人记住自己的好，期盼着下一次对方的肯定与回报。

有时，这些人一面说着善良，一面把对方的伤疤展现在人们的面前，让对方把自己的伤痛展示出来。他们名义上做着好事，实际上这样的“善良”，却犹如酷暑的太阳，让人感觉到灼烧的痛苦。

事实上，真正善良的人，内心平静，善于为他人考虑。他们没有功利心，更没有虚荣心，行善事从来不图回报。在别人无助的时候，他们会无声无息地给予帮助，在别人遇到难题的时候，会静静地助其渡过难关。这样的善良，不会为了求关注，而满世界炫耀，更不会为了得到回报，而计较自己的付出。

我们不是说，那些施恩图报的人不是好人，然而若是真的存在这种心理，就可能面临这样的局面：帮助了别人，不但没有获得尊重和他人喜欢，反而引起众人的反感，使得原本的形象受到损害，原本美好的感情变了味。

人生在世，谁都有帮助别人的时候，谁都有需要别人帮助的时候。因此，放下功利心，就少了很多企图和牵挂，做好事就简单了许多，做好人就轻松了许多。不求回报，一心做着自己认为该做的好事，享受纯粹与美好，反而会获得意料之外的回馈。

平时待人好一点，需用人时有人缘

中国人讲情谊，而人和人之间情谊的建立是很微妙且有规律的。一个人平时善良，待人和善友好，喜欢帮助他人，那么当他遇到挫折和困难的时候，也会有人向他伸出援手。

其实，人生在世，每个人都需要他人的帮助。我们对别人很随意的一次帮助，可能就会使对方领悟到善良的难得和真情的可贵。当有朝一日，我们需要对方帮助的时候，人家才会给我们“捧场”。我们的一次偶然帮助，可能会改变一个人的命运，同时也可能在将来改变自己的命运。

因此，我们不能总是感叹世态炎凉、人情冷漠，然后对别人的危难袖手旁观。这个世界上，很多人还是懂得知恩图报的，他们会记住别人的好，会在自己力所能及的情况下回报别人的帮助。所以说，如果看到别人需要帮助，马上伸出援手，让他感觉到温暖和善意。如果有人有求于你，你也要慷慨地提供帮助，答应他的请求。只要我们能在平时多“烧烧香”，对待别人好一点，那么当我们身处畏难之时，人家也就不会袖手旁观了。

曾经有一只小燕子在飞翔的途中和家人走散了，它无法找到回家的路。天色已晚，小燕子只好先寻找一处可以栖身的地方休息一下，等到天亮之后再赶路。

小燕子看到不远处有一片树林，它便飞了过去，停留在一棵粗壮高大的树上。小燕子发现，在这片树林里，所有的鸟兽都和平共处，友好相待。它们对于小燕子这个不速之客，也表现得非常友好，愿意收留它、帮助它。

看到大家对自己这么好，小燕子别提有多开心了。它开始为大家唱歌、跳舞，还讲述了它刚刚离开的南方的事情。树林里的鸟兽们都对小燕子喜欢得不得了，大家都希望它能永远留下，和它们一起生活在这片树林里。

小燕子为大家的友好和善良而感动，但是它不能答应它们。小燕子感动地说："你们对我的友好让我太感动了，你们亲密无间，相处得这么好，让我无比钦佩。说实话，我是非常希望留下来和你们一起生活的，但是我有自己的家，有自己的伙伴，无法离开它们，必须得回家去。"就这样，小燕子待了几天之后，就朝着家的方向飞去。

一段时间之后，那片充满欢歌笑语的树林居然着了火，火势很是凶猛。此时，那只曾在这里住过几天的小燕子正好飞过那片树林的上空，面对这一惨状，它的内心非常焦虑。它不顾一切地飞到河边，用双翅蘸满水，再飞到那山林上空，把翅膀上的水洒下来。如此快速地来回飞腾，不知有多少回，疲劳极了，但它毫不松懈！

小燕子惊人的举动被天神看到了。天神惊讶地说道："小燕子，你好愚蠢呀！你翅膀上的一点点水，能起什么作用呢？难道你不知杯水车薪、远水救不了近火吗？像你这般疲劳往返，不顾自己性命，能扑灭得了这山林中的烈火吗？"小燕子流着泪道："我也明知不能，但这山林中的同伴太好了！我曾客居过那里，它们待我亲如一家人。现在它们遭到大难，我能忍心坐视不救吗？我只有尽我的一份心、一份力，来救它们啊！"

听了小燕子的话，天神非常感动，连忙使出神术降下大雨，帮助小燕子灭火。片刻的工夫，大火就被扑灭了，这片树林中的鸟兽们也得救了。

在我们的生活中，友善与帮助是相互作用的。当我们善待他人时，他人就会善待我们；当我们帮助他人时，也会得到他人的帮助。这充分体现了"平时待人好一点，需用人时有人缘"的为人哲学。

当然，我们帮助别人，并非抱着要别人回报的目的。即使我们没有遇到需要他人帮助的事，我们对别人的友好和善意，也是一种抚慰和满足。

所以，不管怎样，我们都要保持善良之心，哪怕是对一个失意的人说一句暖心的话，哪怕是对一个将要跌倒的人轻轻扶一把，哪怕是对一个无望的人赋予一次真挚的信任……在这个过程中，我们自己付出的不多，但对于这些人来说，便可以得到足够的安慰、支持与温暖。

第五章

诚而不愚：当智则智，抱诚守真，但绝不天真幼稚

我若真诚待人，人也真诚待我

在中国的文化传统中，有一个坚定的信仰：天道至诚，真诚待人，是至高的品性。真诚，是做人的基本品质，是每个人都应该具备的。

我们每个人都希望能被真诚以待，同样也应该对他人报以真诚。这不仅有利于我们建立良好的关系，更有利于生活、事业的发展。可以说，一个诚实的人，不论他有多少缺点，同他接触时，你的心

神就会感到清爽。这样的人，与其他人相比，更容易找到幸福，在事业上有所成就，这是因为以诚待人，别人也会以诚相见。

试想，当我们步入社会时，没有资历，没有地位，想要尽快站稳脚跟，凭借什么呢？没错，是真诚。真诚是我们的通行证，它不仅涉及我们的语言和行为，还涉及思想、心灵和人格。它在我们自己的手里，只要署上真诚二字，问题就会迎刃而解。

真诚不是智慧，但是它散发出比智慧更强大的力量。许多凭智慧也无法得到的东西，凭真诚就能得到。人们把真诚看得很重，是因为真诚能让对方感觉到安全，并且对所有要做的事有明显的预见性。这种安全感会让别人接纳，彼此信任。

弗莱明是苏格兰一个穷苦得连温饱问题都解决不了的农民，可他却有一个了不起的儿子。这一切都是靠他的真诚赢得的。一天，弗莱明在田地里辛苦耕种，忽然，从远处传来一声呼救声。

弗莱明连忙把锄头放下跑到出事地点，发现有一个小孩在深水沟中不断挣扎，他连忙跳下去把他救了上来。第二天，一辆豪华的马车出现在了弗莱明家门口，从马车上走下来一位气质高雅的绅士。

绅士对弗莱明说：“谢谢你，救了我的孩子。”绅士说完，问弗莱明需要什么报酬。弗莱明真诚地说：“我不是因为报酬而救你的孩子的。”

正在二人说话之际，一个小孩来到弗莱明的身边，绅士问道：“他是您的儿子吗？”农民不无自豪地回答说：“他是我的儿子。”

绅士说：“要不，我带走您的孩子，让他接受最好的教育。如果这个孩子像他的父亲一样真诚，那他将来一定会成为令你自豪的人。”

弗莱明看着绅士一脸诚恳的样子，答应了。数年后，弗莱明的儿子从圣玛利亚医学院毕业。后来，他发明了抗菌药物青霉素，一举成为天下闻名的弗莱明·亚历山大爵士，并在1944年获得诺贝尔医学奖。

有一年，绅士的儿子得了肺炎，是青霉素把它从死亡的边缘拉了回来。那位高雅的绅士是“二战”前英国上议院议员老丘吉尔，绅士的儿子就是“二战”时期英国著名的首相丘吉尔。

弗莱明因为付出真诚，使他的儿子得到了成才的机会，并使之成为20世纪人类医学史上最杰出的人物之一。绅士因为真诚而挽救了儿子的生命，并使之成为20世纪最有影响力的政治家之一。

可见，真诚是一种高尚的品德，不含任何杂质，就像绅士对弗莱明说的那样：“我不是因为报酬而救你的孩子的。”有时，真诚会让你的利益受到侵害，使你的心灵处于不安，这是生活在告诉我们，什么是不真诚，不是要我们放弃真诚。

其实，每个人都有真诚的一面，只要真诚还没有被虚伪所覆盖。人们内心都是渴望真诚的，也希望身边的人是真诚的。因此，保持内心那份至纯的真诚吧！让我们成为真诚的人，真诚地对待身边的每个人，这样一来，便犹如拥有一盏温暖心灵的灯，照亮身边的一切黑暗。同时，我们也会感到身心无比轻松，生活得充实又快乐。

真诚待人应该是我们的本质，也应该是我们坚守的本心。只有保持真诚，坚持下去，别人会感受到我们的真诚，我们也能从别人那里获得同样的真诚，拥有更多的收获。

君子爱财取之有道，不义之财分文不取

中国人爱财，但爱的是正当渠道赚到的钱财，而不是不义之财。即便想着暴富，也不愿意为了发财不择手段；即便急需用钱，也不愿意拿那些不应该得到的钱财。这就是我们所说的“君子爱财，取之有道”。

诚然，对于钱财，没有人不喜欢。钱财不仅仅是一种货币，还是一种身份的象征。然而，为了钱财，通过不正当手段去获得，甚至信奉“马无夜草不肥，人无横财不富”，不择手段地钻营、巧取豪夺，只能是搬起石头砸自己的脚。

可惜的是，生活中的许多人不懂得这个道理。他们因为急需钱财而不择手段，专干损人利己的事，以此劫取利益。对于他们来说，这或许是一种迅速致富的方法。事实上，这是一种极其狭隘、没有眼光的致富意识，有这样思想的人永远无法成为真正的富人，迟早会因此身败名裂。

小王是一位业务能力很强的青年员工。一年来，他为公司签订了大量的合同订单，有着众多的客户，业绩在公司里数一

数二。这么优秀的员工，可是转眼间就被公司炒了鱿鱼。为什么呢？因为他的品德相当糟糕，每做一单，他都拿“回扣”“捞外款”，而且比较“狠”。他好几次让对方开发票时多开4位数的款项据为己有。

失去工作的小王，虽然后来很快地找到了新的工作，并且再没有拿回扣的行为。但是一段时间后，在新老板对小王的过去有所了解的情况下，小王最后还是被开除了。

小王在短短的时间里连续被两位老板炒了鱿鱼，这不是他能力上的问题，而是品德上的问题。一个人为了钱财，忘记原则，违背了道德和良心，甚至触犯了法律，相信没有一个老板敢轻易收留他。即使有人看重了小王的能力，给了他一份工作，他也不会得到重用。因为没有人会相信爱取不义之财的人，更没有人会相信品德糟糕的人。

爱财，没有错，但是我们需要明白：财富只是一种物质上的东西，我们要正确对待它，不可被钱财迷惑心智，为了它放弃良心与道德，更不可触犯法律。同时，不义之财只会给我们带来短暂的享受，最终将会把我们拉入无尽的深渊。

生活中，即使外界赋予我们这样不道德的行为，我们也要坚持自己的原则，不要被钱财所迷惑，做出不当甚至是非法的事情，不要为了个人小利而让自己的品德受损。记住，品德也是一种竞争力，保持纯真与正直，爱财但是不取不义之财。虽然在短时间里别人可能看不见，但是时间一长，必会被我们的优良品德所折服。

一家大公司要招一个财务总监，前来面试的人很多，经过层层选拔，最后只剩下三个人。这三人的能力不相上下，这让招聘负责人不知该选何人，于是请示了老板。老板让负责人问每一应聘者同样的问题：“你怎样才能帮公司逃掉200万元的税？”

三人都绞尽脑汁地想办法。第一位应聘者说如此这般做些手脚；第二位应聘者说那样做一下账，绝对不会被发现……

听了这些答案后，招聘负责人点了点头，但什么也没说，只是让他们回家等通知。轮到最后一位应聘者，负责人问了同样的问题，应聘者听完一愣，他沉吟一下，然后问："您确定要这样做吗？"

招聘人点了点头。应聘者什么都没有说，就向门口走去，表示退出。这时，招聘负责人站起来笑着说："先生，请留步，您是我们见过的应聘者中最有原则的。祝贺您通过了最后的考试，欢迎您加入！相信您能把公司的工作做得非常出色。"

对于老板来说，优秀的员工不仅需要超强的能力，更要具有这家公司所需要的品德。不为钱财而不择手段，坚持自己做人的原则和底线，这就是最后一位应聘者被录取的原因。国有国法，行有行规，职场也有职场的游戏规则。不损人利己，不见利忘义，办事公道，讲究公德，是职场的基本操守。越过这一操守就是逾越人生底线，虽然短时间内会得到一些利益，但是从长远来看，便会因此断送职业前程。

没错，我们总是有着各式各样的诱惑，抵制这些诱惑，需要我们放弃一些东西，牺牲一些利益。但是，我们必须记住：无论任何时候，都不要赚取不义之财，要守住自己的道德底线，守住我们的本心。

我们可以爱财，但是不能把钱财看得过分重要；我们可以爱财，也要把财富用于正义和善良的事业。我们需要明白，钱财不仅是用来满足自己的需求，更可以用来帮助他人和回馈社会。

君子爱财，取之有道，用之有度，正确对待钱财，不为钱财所迷惑，不为钱财所困扰，才可以真正拥有财富。

忠诚诚可贵，愚忠不可取

忠诚，是中国人一流的品格。忠诚是可贵的，是人们对于天地、真理、信仰、职守、国家、领导以及他人的始终如一、尽心竭力、尽心尽责，不背叛、不欺瞒。

忠诚是我们的传统美德，是做人应该坚守的“诚”与“节”。然而，很多人却误解了忠诚，他们认为忠诚就是绝对服从，就是不管上级、领导的意图是什么，决策是否正确，都一味地服从，放弃自己的想法与原则。

其实，这是一种错误的认识，忠诚并非要做“奴才”。那种只知道绝对服务却不分辨是非的人，并不是忠诚。任何人都并非圣人，上级、领导所做的决策也不是完美无瑕的，难免会有欠缺，有时甚至会出现致命的缺陷。这时候，证明我们是不是忠诚的人，在于我们敢不敢站起来，指出其中的不妥之处，而不是一味服从。

现实生活中，不少人把愚忠当作忠诚来看待，认为上级、领导叫他们做什么，他们就做什么，即便是错的，也必须跟着错。这种狭隘地理解忠诚，绝对服从地效忠，只是愚忠。更有人把忠诚与拍马屁混为一谈，他们对上级、领导阿谀奉承，凡事都只图对方开心，工作中也是报喜不报忧。

忠诚不是愚忠，当上级、领导下达指令时，我们要学会分辨是非，冷静思考问题，不要被其威严吓倒，害怕失去工作；也不要被其甜言蜜语迷惑，要知道利弊，别糊里糊涂地干出一些错误的事情来。

忠诚不仅仅意味着听话顺从。在某些时候，大胆地说“不”，也是一种忠诚。菲比先生的故事，就告诉我们什么是愚忠，什么是真正的忠诚。

菲比先生是英国一家企业的总裁，他需要招聘一位项目部经理。

经过多次测试，为数不多的几个人幸运地进入最后的复试阶段。这次是菲比先生亲自主持的面试，他需要考察的是应聘者的勇气和忠诚度。

第一个应聘者被菲比先生带进一个房间。菲比问：“我很想知道你的忠诚度，是不是像你说的那样好，所以，我想问你，你是否为了获得这份工作而待在这个房间里两天两夜不吃不喝？”

面试者毫不犹豫地回答：“我愿意！”于是，他就真的待在那个房间里。然而，两小时后，菲比却告知他可以回家了，他被淘汰了。

第二位被叫进去的男士被菲比带到另一间屋子前。菲比对他说：“房间里有一些重要的文件，你去把它拿出来交给我。不过，你只能用脑袋把门撞开！”这位男士心想：既然是考察勇气，那么就绝不能表现出软弱来。于是，他不由分说地用头撞门，头已经破了，门还没被撞开。菲比见状，赶紧说：“好了，你回去等候通知吧。”

一个接一个的“勇士”被带到菲比的办公室，可是，他们谁也没有得到菲比先生明确录用的回答。

最后一位面试者被带到菲比的办公室。菲比对他说：“我公司的副总最近老是跟我作对，我很讨厌他，这里有一包泻药，你放进这杯咖啡里去，然后送给他喝。”

还没等菲比说完，那个男士就剧烈地反抗起来：“什么？你居然要我做这种事？这是不道德的行为！”

“我是这里的老板，你得服从我的命令！”菲比先生毫不客气地吼道。

“你简直就是个疯子，这样的命令根本没有一点道理，这份工作我不要了！”那个男士想也没想就答道。

菲比先生没有说什么，又先后提出前面面试时的不合理要求，但是他的要求最后都遭到这位男士的严厉拒绝。最后，这位男士非常气愤，准备立即离开。这时，菲比先生极力挽留他，并向众人宣布，这位男士被正式聘用了。

菲比先生解释道：“真正的勇士是敢于坚持正义和真理而不畏强权的人，真正的忠诚不是一味听上司的话，而是要敢于纠正上司的错误，以免造成不必要的损失。”

很显然，菲比先生的做法是再明智不过的。任何老板都不会雇用那些不顾正义、一味效忠的人。愚忠的人，不可能给企业带来财富，他们只是老板背后的“跟屁虫”，不懂得创新，不懂得向老板提出有建设性的意见，即使老板的决策是非常错误的。

愚忠是不可取的。真正的忠诚，是站在公司的立场上，尽量做对每件事情，而不是绝对和老板保持一个声音，更不是卑躬屈膝。愚忠是一种不负责任的表现，极有可能在盲目执行中给企业带来损失，甚至有可能让老板陷于不义之中。

忠诚是做人的根本。无论我们成就什么事业，想要真正成功，一刻也离不开忠诚。因此，我们要忠诚，不管是对国家还是工作，不管是公司还是领导，都要做到忠心、尽职尽责。但是不要把愚忠当作忠诚，在忠诚的时候，要保持头脑清醒，坚持原则，拒绝做只会顺从、不会独立思考的人。

糊弄别人就是糊弄自己

世界上绝顶聪明的人很少，绝对愚笨的人也不多，一般人都具有正常的能力与智慧。但是，为什么许多人却无法取得成功而沦为平庸者呢？

其实，原因很简单，平庸者是因为他们总是在想着如何糊弄，这些人希望达到辉煌的顶峰，却不愿经历艰难的道路；他们渴望取得胜利，却不愿做出牺牲；他们爱惜自己的力气，做事的时候，能少出一份力，就少出一份力，能闲着更好。最后，受伤的往往是他们自己。

从前，有个手艺高超的老木匠，他做的活总能得到东家的好评，他的理想就是靠自己的劳动，让自己和家人住进一栋宽敞精美的房子。可是，他做了一辈子的木匠活，也没有攒够钱买上一套房子，整天愁眉苦脸。东家看他辛苦操劳一辈子，便想给他一个惊喜，让他的晚年开心点。

于是，东家挽留老木匠先别急着退休，再给自己建造最后一座房子。老木匠看了看图纸，那个房子很大，也很费工，他想着自己劳碌一辈子，还要让家人跟着自己住在贫寒的小木屋里，心里有些不痛快，满肚子牢骚。

老木匠依旧像从前一样，每天干活，可他不再像以前那样敬业负责了，每天嘴里似乎都在说："我都这么大岁数了，还要给别人做苦工，真是命苦！这辈子都在给别人建房子，可自己却住不上。"老木匠越想越生气，看到房子这么大、这么考究，又不知道将来是谁住在这里，心里更是憋屈。

这样想来，他更没有心思把精力用在工作上，每天都是敷衍了事，用的是软料，出的是粗活，只想着房子不塌就行。可是，当房子建好的时候，发生了一件意外的事。东家把大门的钥匙交给老木匠，说："你辛苦了这么多年，我想给你一件意外的礼物，这座房子就是你应得的报酬，让你的老伴和孩子都住进来吧！"

听到这番话，老木匠目瞪口呆，他简直不敢相信。惊讶过去后，他立即开始后悔和抱怨，气自己竟然错失良机。如果他早知道这座房子是给自己建造的，他怎么可能那样偷奸耍滑呢？可惜，说什么都晚了，如今他也只能住进一幢粗制滥造的房子里了。

对别人负责，就是对自己负责，这样的人才显得成熟稳重、品德高尚，并会因为认真做事的态度得到回报。一个做事不认真、对自己不负责的人，也许在短时间里靠糊弄、投机取巧能获得一些好处，但是从长远来看，则是有百害而无一利。因为他们所做的一切，也许别人暂时不知道，但时间一长，自然就会知根知底、了如指掌。

生活就像一面镜子，我们怎样对待它，它就会怎样对待我们。

认真对待生活，认真对待所有事情，就是在认真历练我们自己。我们从中所获得的东西、受到的启发，远远胜过表面的蜻蜓点水。

糊弄别人，其实就是在糊弄我们自己。糊弄做的事情，对别人或许有影响，但通常总能找到补救的方法。但是对我们自己来说，得不到成长，还停留在原地，甚至越来越糟糕，损失就大了。

詹姆斯和哈里是同班同学，两个人大学毕业后，恰逢经济动荡，都找不到适合自己的工作，便降低了要求，到同一家工厂应聘。恰好，这家工厂需要两个打杂的职员，老板问他们愿不愿意干。詹姆斯思索一会儿，便决定做这份工作，因为他不愿意依靠领取救济金生活。

尽管哈里也做了这份工作，但他是迫于生计留下来陪詹姆斯干一阵子。因此，哈里上班时懒懒散散，每天打扫卫生敷衍了事。一开始，老板认为他刚从大学毕业，缺乏锻炼，再加上恰逢经济动荡，也同情这个大学生的境遇，便原谅了他。

然而，哈里的内心深处对这份工作有着很强的抵触情绪，每天都在应付工作。结果，他只在这家工厂待了3个月，就被老板辞退了。哈里不得不又回到社会上，重新找工作。当时，到处都在裁员，哪儿有适合他的工作呢？他不得不依靠社会救济金生活。

相反，詹姆斯在工作中抛弃了自己作为高等学历拥有者的身份，完全把自己当作一名打扫卫生的清洁工，每天把办公走廊、车间、场地都打扫得干干净净。老板觉得詹姆斯是一个工作特别负责的人，决定培养他，于是安排他给一些高级技工当学徒。由于工作积极，认真勤快，一年后，他便成为老板的助理。哈里此时还在拼命找工作，他认为自己是高等学历拥有者，应该属于白领阶层。后来，他虽然找到了一份不错的工作，但由于做事不负责，把活干得一塌糊涂，终于在某一天又失业了。

生活中，像哈里这种人并不少见，他们这种不负责、不认真或者自以为是的行为会造成一些很不好的影响或后果。其实，只有认真负责、不糊弄的人才是真正的聪明。那些成功的人，往往就是这样的人，而那些当一天和尚撞一天钟，每天只想着应付、糊弄的人，只能成为被社会淘汰的失败者。

事实上，人生在世，没有任何事情可以随意糊弄，你种下什么种子，将来必定收获什么样的果子。糊弄别人，就是在糊弄自己。认认真真做事，保持正直和坦诚，才能让自己变得更强，长更多的本事，进而收获更多回报。

逢人只说三分话，不急全抛一片心

与人交往，真诚、信任最重要。因此，人与人相处，往往要用善良的心去看待别人，而不是用恶意的心去揣测别人，坦诚以待，而不是欺骗。

然而，社会上有形形色色的人，有些人心肠险恶，时常图谋不轨，或者戴着伪善的面具，做出欺诈、陷害的事情。因此，我们要真心待人，不生出害人的心思，不无故地猜疑他人。但是我们要提防人性中的恶，不可轻易信任任何人，全凭对方的一句话或一个行为就抛出一片真心。

与人交往，害人之心不可有，但防人之心不可无。真心待人的同时，保持警惕，才不会害了自己。

小刘从教授自己技艺的师傅身上就领会到了这一点。

小刘是一名鞋样制版师，跟着鞋厂里一位技术十分精湛的老师傅做学徒。老师傅对小刘很好，教导小刘也十分尽职尽责，但每次一到关键的“取翘”流程，老师傅总会借故让小刘去办些其他事情，或者拿点并不十分紧要的东西。每次事情办完或东西拿完回来时，这一流程已经结束，使得小刘什么也没能看到。

一开始，小刘对这件事情并没有太过在意，直到类似的情况发生了好几次，小刘这才意识到，老师傅这是故意“留一手”呢！

小刘觉得很生气，想要当面质问老师傅，结果被一个同事拉住了。通过这名同事，小刘才知道，原来以前这位老师傅在另一个鞋厂工作时有过一个徒弟，那时候老师傅对徒弟很好，将自己的技艺倾囊相授。没想到的是，徒弟学会老先生的技艺之后，便在背后搞鬼，从中作梗，最后硬是把老师傅给“挤”掉了。后来，老师傅来到现在这家工厂工作。正因为之前发生的那件事情，所以老师傅在教徒弟时才会“留一手”。

明白了老师傅的苦衷之后，小刘心中的怒火也渐渐平息。之后，他更加留意老师傅平时的一举一动，并趁老师傅不在的时候悄悄拿老师傅做的纸版和自己做的进行对比。经过一段时间的“偷师”，他渐渐摸出了门道。

俗话说：“教会徒弟，饿死师傅。”老师傅毫无保留地将自己的技术教给徒弟，结果却遭到徒弟的背叛，最终失去工作。正因为有了这样的遭遇，所以在收了小刘这个徒弟之后，老师傅难免会有所提防，偷偷为自己“留一手”。对于老师傅的这一举动，小刘心中自然不无埋怨，但老师傅这么做，也是可以理解的。

与人交往，以恶意揣摩他人，是错误的。但是，我们做人做事可以不设防吗？当然不行。没有防人之心，不提高警惕，很容易被他人欺骗。

同时，人与人之间的关系是非常玄妙的，没有永远的朋友，也不存在永远的敌人。与人交往，真诚固然重要，但不能随随便便就与对方“交心”，尤其要懂得保住底线，知道哪些事可以做，哪些事不可以做，明白哪些话该说，哪些话不能说。

如果我们毫无城府，轻易地相信他人，随随便便就把自己的底牌亮给对方，说出自己的小秘密，那么很可能让自己陷入困境。尤其当我们与对方存在利益关系时，说话不懂得留三分，急于抛出一片真心，很容易害了自己。

陈伟和陆鼎是一起通过面试进入公司的新人，并且被分到了一个宿舍。两人都是名牌大学毕业的“学霸”，在各方面都非常合得来，很快就成了无话不谈的好哥们。

由于学历高、能力强又肯吃苦，陈伟和陆鼎在进入公司一年后都得到了不错的升职机会。擅长财务工作的陈伟被任命为财务科副经理，擅长与人打交道的陆鼎则被升任为销售科副经理。

财务工作是非常敏感的。从进入财务科的第一天开始，经理就数次告诫过陈伟，一定要严守财务人员的职业道德，保守财务秘密，不能对任何人谈起公司的财务状况。对于经理的提醒，陈伟一直都不以为意。

陈伟和陆鼎常常在宿舍里聊天，一开始两人聊的话题不外乎就是足球、股市、漂亮的女明星，等等，后来聊得多了，话题渐渐涉及工作领域。陆鼎常常会告诉陈伟一些销售部门的趣事，而陈伟也认为陆鼎是自己的好哥们，非常值得信任，因此也时不时地会告诉他一些财务部门的秘密事情，并叮嘱陆鼎千万别往外说。陆鼎也一次次地拍着胸脯向陈伟保证，自己绝不会告诉第三个人。

但没想到的是，之后不久，公司里开始流传一些关于个人奖金问题的小道消息，并且还引起了几起小纠纷。这件事情引起了公司管理层的重视。一番追查之后，矛头指向了陈伟。

最终，泄露公司财务秘密的陈伟被免去副经理的职位，感到无地自容的他主动递交辞呈离开了公司。他知道，那个出卖他的人，正是他无比信任的好哥们陆鼎。但有什么办法呢？作为财务人员，自己确实是失职在先，责怪谁都没用啊！

作为财务人员，保守财务秘密是陈伟的分内职责，但他却因为所谓的“朋友义气”，随随便便就和陆鼎交心，甚至将自己工作中应当保密的事情当成谈资告诉了陆鼎，这才导致自己丢掉了工作。

陈伟的错不仅仅在于不看对象，随随便便就和别人“交心”，更重要的是，他根本就不明白自己的工作职责。要知道，身在职场，每个人都应该自觉遵守职业道德，凡是职责要求不该说、不能说的，就一定不可对人言，哪怕对方是推心置腹的朋友，或亲密无间的爱人。这与你对他们的信任与否无关，而是关乎你的职业道德和职业操守。

所以说，逢人只说三分话，不可全抛一片心。与人交往，不管什么时候，都需要保持防人之心，不能随随便便就“交心”。保持必要的警惕性，保住自己的底线和秘密，你才不会因为自己的“推心置腹”，给自己的未来埋下不可预料的风险和变数。

篇三

恭：做事的标准与内涵

第六章

谦而不卑：
不矜不伐低调做人，不低不媚拒绝卑微

为人低调内敛，不可锋芒太盛

中国人做人做事遵循的一个原则就是内敛、谦虚和低调。低调是为人的修养，也是成就大事的智慧。真正的大智慧者，往往不显山露水，不张扬炫耀。

山从不炫耀自己的高度，但并不影响它的高耸入云；海从不解释自己的深度，却也不会影响它的深不可测；地从不显露自己的势力，却没有谁能忽略它的厚度；天从不浮夸自己的空阔，却被尊为囊括

之首。我们要从中领悟做人做事之道，摆正姿态，保持谦逊的言辞，不显山，不露水，风度自现，智慧自成。

低调，绝不是一种懦弱和无用；相反，低调才能保全自己、成就大事。低调，绝不是自卑和退缩，而是才高而不自诩、位高而不自傲。低调就是一种显示为柔弱，但是比刚强更有力的策略。

综观历史，历代那些有功的大臣，能够做到功盖天下而不令主上怀疑、位极人臣而不被众人嫉妒、尽享富贵而不被别人非议，实在是少之又少。最重要的原因就是，他们懂得低调做人，明白放低姿态是自我保护的最佳途径。深谙低调行事之道的人，不管位有多高，权有多重，周围有多少妒贤嫉能的人，他都能在危机四伏、人性复杂的丛林中为自己保留一席之地。

晚唐时期功勋卓著的朝廷重臣郭子仪，因政绩显赫而被封为汾阳郡王，王府就建在长安。自从王府落成，郭子仪下令每天都打开府门，任凭人们自由进出。

一天，郭子仪帐下的一名将官要调到外地任职，特意到王府来辞行。他早就听说王府中鲜有禁忌，便直冲冲一路往前走。当他走进内宅时，恰巧看见郭子仪在一旁侍奉夫人和爱女梳妆打扮，一会儿递手巾，一会儿端水，如仆人一样，在堂前厅后跑来跑去，忙得不亦乐乎。

这位将官虽然当时忍住讥笑，但刚出王府就乐个不停。回家后，他忍不住把这个情景告诉了家人。不曾想，一传十、十传百，几天的工夫，京城的大街小巷都知道了这个茶余饭后的笑话。

如此，郭府上下的人也不免有所耳闻。郭子仪的几个儿子听后，感到父亲的颜面大大地被羞辱，便相约一起劝说父亲关上王府大门，禁止闲杂人等出入。他们一个个义愤填膺、慷慨激昂，甚至还搬出商朝贤相伊尹和汉朝大将霍光，以此说明古今上下没有人像父王这样“透明”的。

郭子仪含笑听完儿子们的抱怨，之后收起笑容，语重心长地说："我之所以敞开府门，任人进出，并非为了追求那些浮名虚誉，而是为了保全自己，保全我们全家的性命啊。"

儿子们听了，一个个都被父亲的这份郑重吓倒，忙问其中究竟。

郭子仪叹了口气，说道："你们仅仅看到郭家显赫的地位和声势，却没有意识到这些是会随时丧失的。正所谓月盈而蚀，盛极而衰，人世同自然，不妨做到急流勇退。可是眼下朝廷又倚重我，断不肯让我归隐脱身。在这样进退两难之时，如果我紧闭大门，不与外面来往，只要有一个人与我郭家结下仇怨，那麻烦可就大了。你们想，我打了那么多仗，仇敌会少吗？如果有一个人诬陷我们对朝廷怀有二心，就必然会有人落井下石，那些嫉贤妒能的小人也会从中添油加醋，制造冤案。那时，我们郭家又如何得以保全？"

儿子们听后默不作声，仔细掂量着父亲这番话的重量。

低调，是位高者的原则，是藏锋守拙的一种智慧。真正的智者，真正的强者，总是喜欢藏锋守拙，在别人面前表现出来的更多的是大智若愚、大巧若拙，甚至为了低调，设计假象，掩盖真实。郭子仪位高权重，难免被人忌惮，视为眼中钉，这时若是不低调、不藏锋，恐怕难逃身败名裂。

同样的道理，在竞争日益激烈的当今社会，若想在混杂繁乱的关系中时刻享有内心的平安，除了加强自身修养、提高综合素质，还要注意做人做事的智慧与分寸。我们也许做不到古人所说的"无欲则刚"，但也不能像李白所畅言的"人生得意须尽欢"，必须明白："木秀于林，风必摧之""张扬炫耀，只会害了自己"。

换句话说，无论什么时候，我们都要保持低调内敛，不可锋芒太露。要做到内敛含蓄，得意而不忘形，时刻在内心画一道警戒线，明示哪些是可以逾越的，哪些是不能触碰的。做到这些，不仅可以培养我们不争不夺、淡泊宁静的心态，更让我们拥有胸怀大志的视野，成就一番大事业。

做事要有弹性，留下进退余地

中国人信奉一句话：争是不争，不争是争。这句话虽然说得简单，但是隐藏着非常深奥的哲理。处处争先，看似主动，其实非常被动。自己的意图是明显的，行动更是明显的。别人对你做的事看得一清二楚，经常是争了半天什么也没有得到。但是如果适时地退让一步，暂时不争了，就可能变被动为主动，以退为进。

因此，人生在世，做事应该有张弛，更应该有弹性，留下进退的空间，让自己能够进退有据，伸缩自如。当然，退不是懦弱，更不是放弃，而是一种宽广的胸怀和格局，更是一种大智慧。很多时候，成功往往就在这退让中向自己走来。

战国时的蔺相如就是一个既能进又能退的成功者。

蔺相如是一个文官，他在渑池会上立了功，维护了赵国的尊严，而且还成功地将国宝和氏璧带回赵国，因此成为朝中的重臣，官居相国之位。

廉颇是赵国大将，屡次攻城略地，威名远播。他在战场上是常胜将军，守必固，攻必取，几乎百战百胜，威震列国。强大的秦国就是因为廉颇的存在，很长时间都没有对赵国采取军事行动。

廉颇的功勋都是在战火中打出来的。在他看来，蔺相如不过就是耍耍嘴皮子，可官职却在自己之上。廉颇心怀不满，扬言有机会要当众羞辱蔺相如。

蔺相如知道此事以后不以为然，他不想与廉颇争高低，而是采取退让的态度。蔺相如为了在上朝时不使廉颇觉得位列自己之下，总是称病不去。即使出门，蔺相如乘车远远望见廉颇迎面而来，索性引车躲避，让廉颇的车先过。

蔺相如再三地退让，使自己的门客都看不过去了。门客们都劝他说："我们因为仰慕您的品德才来侍奉您，现在您与廉颇职位相同，他对您恶言相加，您却一味躲避，这实在有背您相国的身份，就连我们这些门客都感到耻辱！我们实在没有才能，请允许我们告辞吧！"

蔺相如很理解大家的心情，他竭力挽留说："我不是畏惧廉颇，秦王如此凶残狠毒的人，我都敢当庭呵斥，羞辱他的群臣，我还会怕廉颇吗？我所担心的是，强秦之所以不敢出兵赵国，就是因为我和廉颇同在朝中为官，他惧怕我们这文武二人啊。如果我们相斗，必有一人受伤，我之所以回避他，完全是考虑赵国的安危啊。"

蔺相如的话传到廉颇的耳朵里，他如梦方醒。原来蔺相如是以国家利益为重，一直不与自己计较，廉颇深感惭愧。为了表示自己的歉意，廉颇赤裸上身，背着荆条，来到蔺相如的府上请罪。从此，两人结为刎颈之交，生死与共。

廉颇自恃功高，喜欢处处争先，这与他身为武将，一生都在带兵打仗有关，不能完全怪他。但是这种处处争先的行为，也存在很多弊端。相比之下，蔺相如的智慧与姿态就高人一筹。他不仅能在关键时刻“进”，为国家争得尊严；在必要的时候还能“退”，为大局着想，宁愿委屈自己，避而远之，实在是难能可贵。

做事有弹性，做人多谦退，表面上是给他人留空间，实际上是给自己留余地，让自己可以进可攻、退可守。当然，进与退之道，并不是随意的，而是要学会审时度势，审视自己的处境，从而做到知进识退、进退有节。这样一来，才可以挥洒自如，看得更远，走得更远。

真正看得远的人，不会计较一时短长，有时候需要高歌猛进，有时候就要暂时退让，退一步才能海阔天空。

张良是汉朝人，他的祖父、父亲都当过韩国的相国。秦国灭了韩国以后，张良变卖了所有家产，用来收买刺客，为韩国报仇。结果行刺失败，张良不得不改名换姓，逃亡到下邳。

张良由于国破家亡，整日抑郁难以舒展，于是经常到附近散步。一天，他闲逛漫步，走到一座桥上，迎面走来一个穿布短衣的老者。张良谦虚有礼，侧身让老者先过，没想到老者走到张良跟前时，竟然将自己的鞋子丢到桥下，还喝令张良：“小子，去把我的鞋取上来。”

张良很是气愤，正想转头就走，又一想，看在老者年纪很大的分儿上，就做一次好事，走到桥下把鞋子捡了上来。张良正要把鞋递给老者，老者却说：“既然捡上来了，就给我穿上吧。”张良听了更加气愤，可是转念一想，好人做到底吧，于是就跪着替老者穿好了鞋。

老者穿上鞋，笑了笑，抬腿就走了。可是还没走多远，他又拐回来，对张良说：“孺子可教也，5天后的早上，还在这里会面。”

张良心中感觉莫名其妙，但也没有多想，就满口答应了。5

天后，天刚刚亮，张良来到桥上，没想到老者来得比他还早。见到张良，老者生气地指责他："和长者相约，你怎么能迟到呢？5天后，早点过来。"

又过了5天，张良前往赴约，这次他来得比上次早多了。可是等他赶到桥上时，老者又站在桥上等他。老者生气地说："你的架子好大啊，又迟到了，过5天再来。"

5天后，张良半夜就出发了，终于赶在老者的前面到了桥上。老者来了以后很高兴，笑眯眯地说："这次你没有失约，这样才能够成大事呢……"说完，老者送给张良一本书，让他回去苦读十年。

这本书就是兵家奇书《太公兵法》。此后，张良苦读这部兵书，终于成为一代杰出的军事家，作为刘邦的重要谋士，为打下汉室江山立下汗马功劳。

张良确实是一个深谙进退的高手，该退的时候退得很到位。正是因为他懂得做事的弹性，知轻重，懂进退，才练就了一身外软里硬的功夫，从而助他成就很多大事。事实上，那些高瞻远瞩的有识之士，往往都能看出进与退的时机。所以，该退的时候，他们能欣然后退，甚至一退再退。

人生在世，我们做人做事要如山一般，望万物而容万物；也要如水一般，能进退而知进退。懂得进与退的分寸，把握进与退的时机和火候，做事才可以轻松自如，同时让自己提高一个层次。

过刚者容易折，善柔者能克刚

人生在世，刚强的人，会勇往直前，宁愿拼尽全力，也不愿意屈服，绝不希望后退和妥协。在他们看来，放弃刚强，就是自己的耻辱，就意味着永远站不起来。事实上，如果过于刚硬，容易招来祸患，过早失败和衰亡。相反，懂得适当“软”一些，用柔代替刚，才能让自己立于不败之地。

善于用“柔”，才是聪明人。我们遇到难题，明知道硬磕也磕不动，便不再坚持硬碰硬，而是选择“柔”的方式，或许就有意想不到的效果。我们与他人发生冲突，过于刚强，针尖对麦芒，只会两败俱伤，而选择“柔”的策略，问题便可迎刃而解，并让自己占据上风。

其实，早在两千多年前，老子便告诫人们:“过刚者易折，善柔者不败。”

殷商时期有一位贵族，叫商容，是当时一位很有学问的人，老子就曾向他求过学。在商容生命垂危的时候，老子来到他的床前问候："老师，您还有什么要教诲弟子的吗？"

商容说："我的学问你已完全掌握了，而且你还有了自己的思想。现在我只想问你，人们经过故乡时要下车步行，你知道这是为什么吗？"

老子回答说："我想这大概是表示，人们没有忘记故乡的养育之恩吧。"

商容点了点头，又问道："走在高大茂盛的古树之下，人们总要低头恭谨而行，你知道其中的原因吗？"

老子回答说："那是因为大家仰慕它顽强的生命吧。"

商容满意地笑了笑，然后张开嘴让老子看了看，又继续问："你看我的舌头还在吗？"

老子大惑不解地说："还在啊。"

商容又问道："那么我的牙齿还在吗？"

老子说："已全部掉光了。"

这时商容睁大眼睛看着老子，说道："你明白这是什么道理吗？"

老子想了一会儿说道："我想这是刚强的容易过早衰亡，而柔弱的却能长存不坏吧！"

商容欣慰地笑了，"你能悟出这个道理，我死而无憾了"。

坚硬的牙齿象征着刚强。有时候，你不小心咬到柔弱的舌头，舌头破了还会长好，而牙齿破了，是不能自己修复的。舌头虽然柔弱，但是它的寿命要比牙齿长得多。正是刚则易折，柔可保身，一时的厉害未必是真的强大，能活到最后的才是真正的强者。

看上去软弱的柔要比看上去强大的刚要强，这是事物发展深层次的道理。那么，柔是否能战胜刚呢？答案是肯定的。水滴石穿就是这样的道理。

水滴为什么能够穿透石头，关键在于“水滴”的韧劲。水滴之量很微，之力又小，但能把坚硬的石头滴穿，是因为它有锲而不舍的韧劲。韧者，柔而固也，水滴柔软而牢固的特征最为集中地揭示了意志的坚毅品质。

在这个世界上，最坚硬的东西，只有用柔软的东西才能化解，因为已经没有比它更坚硬的东西了。正所谓“以柔克刚”，这个“柔”，是智慧与修养的结晶，需要长时间修炼才能拥有。

司马懿是三国时期的一个谋臣。和其他大臣不同，他不仅能治国安邦，还能带兵打仗。他与诸葛亮的斗争持续了几十年，最让他引以为豪的就是祁山之战。这场持久战整整打了6年。

一次，诸葛亮亲自率领蜀国大军北伐曹魏，司马懿认为蜀军远道来袭，后援补给必定不足，所以决心闭门休战，对蜀军不予理睬，准备拖延时日以消耗蜀军的实力，等待取胜的良机。

诸葛亮多次派兵到城下骂阵，企图激怒魏兵，引诱司马懿出城决战，但司马懿一直按兵不动。骂阵不见成效，诸葛亮于是用激将法，派人给司马懿送去一件女人的衣裳，并修书一封：你身为大将，统率数万中原大军，却不敢应战以决胜负，每天躲在土巢之中，这完全是女人所为。所以，我派人送给你一套女人的衣服，希望你穿上以后比较合身。

司马懿看后心中大怒，但表面上还是故作镇静，笑着对使者说：“孔明把我看成妇人了吗？”司马懿不仅当时接受了礼物，还当着大家的面把那件女人衣服穿了起来，并且下令好好招待前来送衣的蜀国使者。

魏军众将得知此事，无不气愤，纷纷来到司马懿的大帐前请命出战。但是马司懿却说：“众将有所不知，我并不是不敢出战而甘心忍受侮辱，只是天子早有命令，让我们坚守不战。如果大家执意要出战，待我奏明圣上后再行决定。”

司马懿随后上疏魏明帝，假意愤恨难平，请求出兵。魏明帝看完后有些不解，便召集众大臣商议："司马懿之前要求坚守不出，为什么如今又上表求战？"

大臣卫尉辛毗说："司马大人想必是因为诸葛亮的这一番侮辱，众将愤怒，才故意上了这道表章，目的是希望陛下重申坚守不战的旨意，以平复众将之愤怒。"

曹叡认为十分有道理，便下了一道圣旨："如果再有人胆敢提出迎战，便以违抗圣旨论处。"司马懿的手下只好服从命令，不敢再提出请战的要求。

后来的事态发展也正如司马懿所料。诸葛亮由于长期的积劳成疾而旧病复发，不幸病逝，蜀军因为没有军师坐镇，而且补给不足，只得悄悄退兵。这一战，司马懿不战而胜。

诸葛亮有勇有谋，率领数万大军攻打魏军，这样的行为算得上刚中的强者了，但是最后却落得"鞠躬尽瘁，死而后已"，留下千古遗憾。司马懿面对强者的威胁，不硬用刚强，而是选择以柔克刚，用"柔"化解危局，最终为自己赢得了时间和机会，扫平蜀、吴，统一天下。

就像古代民间英雄打虎，极少有人直接与老虎正面肉搏。人们都是在老虎扑向他时，灵活躲避，避开锋芒，几个回合后，老虎元气大减，体力和智力大打折扣，这时再向它发起致命的进攻。这难道不是以柔克刚吗？

所以说，刚有时候代表着强，但不意味着长久；柔有时候代表着弱，但不意味着失败。刚者的弱点就是易折，不能持之以恒。只要我们针对刚的弱点，更好地利用"柔"，巧妙地以柔克刚，就可以成为最后的胜利者。

耐得住寂寞，坐得住“冷板凳”

没有人喜欢寂寞，但是每个人又不得不面对寂寞；没有人喜欢坐“冷板凳”，但是每个人又难免会坐“冷板凳”。这些都是我们人生中难以摆脱的事情，如同生活中的喜怒哀乐一般，可能时时伴随我们。再加上现在生活的喧闹、社会的诱惑，耐得住寂寞，坐得住“冷板凳”，更是一种考验。

正是因为这样，我们才更要保持心态的平和，经得住诱惑与考验，做事的时候尽量稳健、谦和、不浮夸、不急躁。我们需要明白，人人都渴望“一朝成名天下知”，渴望功成名就，拥有辉煌事业。然而，成功的机遇并不会经常出现，它就像夜幕中一闪而过的流星，是可遇而不可求的。在我们还籍籍无名的时候，在我们还没有遇到好机会的时候，我们要耐得住寂寞，放低姿态，平和心情，等待或者寻找机会，有把冷板凳坐热的耐心，这样才能实现自我价值，获得期盼的成功。

李欢是一名重点大学经济系的高才生，毕业后在一家外贸公司里当职员。李欢专业知识扎实，也很有才学，人长得也很漂亮，进公司没多长时间，人际关系处理得也很到位，同事都很喜欢她。

但不知为什么，进了公司快一年，老板从未问过她的情况，也不交给她重要的工作，更没有与她有过沟通，每天只是让她做一些无足轻重的事情，对于公司来说，她简直是可有可无。

李欢没有怨天尤人，更没有因为自己是专业上的高才生而向领导讨个说法，而是认为自己是个新员工，做不起眼的工作、坐“冷板凳”是应该的。一年后的一天，老板终于找她谈话了，一方面肯定她在这一年中的任劳任怨，另一方面表扬了她做出的很多成绩，最后依据她的实际能力为她晋升了职位。她的耐心等待总算得到回报。

李欢的经历验证了这句话：耐得住寂寞，坐得住“冷板凳”，才能经受住成功和失败的各种考验。如果李欢没有耐心坐“冷板凳”，心浮气躁，或者太过张扬，就没有机会获得领导的赏识，一年后也就不会有领导的肯定与提升。“冷板凳”不一定都那么难坐，一旦把“冷板凳”坐热了，机会很可能就来了。

人生漫漫长路中，难免会遇到低谷，一旦坐上“冷板凳”，当务之急就是调整心态，与其怨天尤人地抱怨，不如趁机会养精蓄锐，等待下一次机会。

当然，想要耐得住寂寞，坐得住“冷板凳”，需要有大局意识，不计较一时的得失。如果只想着快些成功，心浮气躁，最终难成大事。同时，要有坚定的态度，真正静下心来，低调做事，踏踏实实。如果内心不坚定，受到干扰和诱惑便放弃，也无法成就大事。

明朝万历时期，有一位德才兼备的首辅叫张居正。首辅实际上就是宰相，明初为了加强中央集权，废丞相，设内阁，首席内阁学士称首辅。首辅张居正的仕途人生就是从屡次做冷板凳开始的。

张居正是湖北人，12岁考中秀才，13岁参加乡试写了一篇非常漂亮的文章，只因湖广巡抚顾辚有意让张居正多磨炼几年，所以未让他中举。16岁的时候，他中了举人，23岁中了进士。

进入仕途没多久，张居正被选为庶吉士。它是一种见习官员，按例要在翰林院学习三年，期满后可升为编修。张居正努力钻研朝章国故，一面大量读书，一面细心琢磨官场门道，只是他的满腔政治抱负一时还发挥不出来。这是他第一次坐冷板凳。正是这段时间的磨炼，为他日后走上政治舞台打下坚实的基础。

当时的大明王朝到了嘉靖年间，朝廷内外已是危机四伏。紫禁城里每日设坛修醮，青烟缭绕。嘉靖皇帝幻想长生不死，整天陶醉于《庆云颂》的华丽辞藻中，闭着眼睛将朝政托付给奸相严嵩。严嵩父子趁机为非作歹，贪赃枉法。由于世宗皇帝昏庸无能，张居正一时得不到皇上的重用，无法施展自己的才能，只得忍耐，并且还要与严嵩周旋。这次的冷板凳一坐就是十几年。终于，严嵩专权15年后倒台，徐阶成了首辅，张居正才得到重用。

就在张居正入阁以后，他与高拱并为宰辅，为吏部尚书、建极殿大学士。高拱是个精明强干、头脑敏锐的对手。张居正的才干还是没有机会发挥，他只得再次忍耐，又坐上了冷板凳。尽管高拱对他傲慢无礼，他却用谦恭与沉默来应对。这是张居正再次坐冷板凳，也是最后一次。

终于等到高拱下台的一天。由于张居正资格最老，他被诏回当了首辅。这次张居正发挥才能的机会到了。他掌权以后，立即改变过去那种谦虚祥和、沉默寡言的态度，变得雷厉风行、有理有节，在全国实行改革，促进了当时社会经济的发展。在他执政期间，国家安定，经济发展，一时出现清明富强的景象。

张居正的冷板凳坐了三次，这是一般人比不了的。面对时不利己的形势，他能受得住寂寞，也能坚持本心，不放弃追求。正因这样，每一次的“冷板凳”都是不同阶段对他的磨炼：做庶吉士的时候是初级磨炼，为他将来进入官场做准备；进入内阁后是中级磨炼，为他进入高层做准备；当了宰辅以后就是高级磨炼，为他成为首辅做准备。

因此，我们想成就大事，必定要耐得住寂寞，坐得住“冷板凳”。这是一种长期的心理修炼和性格磨砺，是自己与自己的较量，是不断战胜自己、完善自己和超越自己。人生在世，机会出现之前都是一段磨人难熬的日子，而忍受寂寞、坐“冷板凳”是必需的，也是必要的。时刻不忘初心，时刻保持谦逊，才能在迷茫寂寞、充斥诱惑的环境中更为淡定和从容，做成大事情。

学会自嘲，保持鲜活的做人态度

中国人善于自嘲，是因为骨子里有着谦逊、低调的本性。谦逊是一种社交姿态，也是一种做事智慧。从某种意义上说，善于自嘲的人，胸怀是宽广的，格局是博大的。他们敢于正视自己的缺点、过错，也能坦然地拿自己的缺点和过错博得别人一笑。

可以说，嘲笑他人是一种道德低下的表现，但有时自嘲却体现了一种美德。一个善于自嘲的人，往往是一个富有智慧和情趣的人，也是一个勇敢和坦诚的人，更是一个将自己上上下下、里里外外都看得很明白的人。

当然，自嘲是一种鲜活的做人态度，它可以使原本颇为沉重的东西刹那间变得无比轻松，从而让人能时刻保持平衡的心境。有这样一则故事，不管是传说也好，还是演绎也罢，善于自嘲的大哲学家苏格拉底让我们看到了他为人的幽默与豁达，以及与其能力相匹配的人生态度。

据说，苏格拉底的妻子是一个性格彪悍粗暴的女人，生活中时常对他乱发脾气。苏格拉底逢人便自嘲道："这样的女人为妻让我受益匪浅，不仅可以锻炼我的忍耐力，还能提升我的人格修养。"

某天晚上，他的妻子无缘无故地又发起脾气来，大吵大闹，无论苏格拉底怎样劝说，她都不肯罢休。

无奈之下，苏格拉底只好退避三舍，去外面走走。没想到，他刚走出家门，那位怒气未消的夫人就从楼上突然倒下一大盆冷水，恰好全部浇在苏格拉底的头上。瞬间，他浑身上下就湿透了，俨然一只落汤鸡。

这时，只见苏格拉底打了个寒战，不慌不忙地自言自语说："我早就知道，响雷过后必有大雨，果然不出我所料。"

纵使苏格拉底有万般的无可奈何，但他带有自嘲意味的讥讽，使自己从这一窘境中超脱出来。化怒气为"糨糊"，给自己一颗"宽心丸"的同时，也让乏味枯燥的生活重新恢复弹性。

自嘲，可以给人带来欢笑和轻松。我们以自嘲的方式笑看自己的狼狈处境，笑谈自己的遭遇、缺点乃至失误时，看似显得愚钝轻视，实际上是一种对生活释然、对命运达观的大智慧。

人生不如意之事常有八九。面对凄风苦雨的侵袭，在恶劣的环境中，我们更应该抱有感恩而知足的心面对生活。适时地自嘲一番，表明我们有一种谦逊和包容的心态，可以让我们更容易获得他人的理解和帮助。同时，不将这些东西看得太重，还可以让我们获得快乐、自信，心胸宽阔，进而在面对困难、挫折以及困境时更加有韧性和适应力。

因为乐观、坦荡，我们便不会为了失败和困境而沮丧，而是从中吸取经验与教训，不断成长。因此，善于自嘲的人，更容易找到与自己能力匹配的人生姿态，实现自己的价值与目标，人生也过得达观而坦荡。

古代有一个叫梁灏的文人，一生都心心念着通过科举考取功名而报效国家。他从小就立下誓言，不中状元，誓不为人。

然而世事难料，梁灏从少年考到青年，又从青年考到壮年，寒暑冬夏十余载，却屡试不中，受尽别人讥笑。但梁灏并不在意，他总是自我解嘲地说：这一次考完后如果没中，就是离状元又近了一步。

在这种自嘲的心理状态中，梁灏从后晋天福三年（938）开始应试，历经后汉、后周，直到宋太宗雍熙二年（985），终于考中状元。

他写过一首自嘲诗：天福三年来应试，雍熙二载始成名。饶他白发巾中满，且喜青云足下生。观榜更无朋辈在，归家惟有子孙迎。也知少年登科好，争奈龙头属老成。

在漫长的坎坷中，梁灏就是凭着鲜活而轻松的自我解嘲终于走向成功。自嘲，也使他走向长寿，活到古代难以逾越的九旬高龄。

事实上，让我们陷入难堪的，往往是自身原因，如外貌缺陷、自身缺点、言行失误等造成的一些“话柄”。陷入尴尬之境的，大都是自卑而执拗的人；拥有自信的人，大多能较好地化解，于无形处维护自尊。对影响自身形象的种种不足大胆而巧妙地自嘲，不但不会降低我们的人格，反而能出人意料的谦逊、自信，让我们越来越豁达。

因此，在这个充满竞争和压力的环境中，我们要学会以自嘲的方式面对自身的不足与缺点，面对随时而来的挑战、困难乃至困境。放下自大与自夸，学会谦逊和自嘲，逐渐练就更为豁达的心性，这样一来，便可活出洒脱坦荡的人生。

得志切莫失态，得意切莫忘形

对于很多中国人来说，最难的事情不是获得成功，而是成功之后依旧保持谦逊之心，得志切莫失态，得意切莫忘形。

一个人获得一定的成就，当然是一件值得高兴的事情。人逢喜事精神爽，有成就之后欢欣鼓舞是人之常态，亦是人之常情。但是成功之时，最容易招来嫉妒，引发他人内心的不平。如果我们不能收敛自己的得意，保持低调和谦逊，很容易因为失去理智而做出错事，或者因为树大招风而遭人陷害。

然而，生活中总是有这样的人，一旦成功就会得意忘形，甚至略有小成就得意卖弄，最后反而深受其害。

老舍的《断魂枪》里有这样一个故事：

神枪沙子龙的大徒弟王三胜，学得一点本事，就倚仗师父“五虎断魂枪”之威名，自视甚高，十分得意。一天，他在土地庙前边拉开场子，摆起架势，虽干的是卖艺的营生，吆喝口气却相当傲慢："老少爷们，我王三胜，虽在此摆场子，却不是耍把式卖艺，师承神枪沙子龙，学的是真功夫，练的是好拳脚。"然后，放开身板，绕场子周遭练了一圈，市井看客，也没几个懂真功夫的，只觉得是"神枪沙"的徒弟，就一阵接一阵地叫好。

这时候角落里一个老头冷冷地来了一句："还会点功夫。"

对于一个老者，本该谦逊以待，可这话传到了得意上头的王三胜耳中，却如沙迷眼，十分刺耳，当即就让老者下场比试。

选武器之时，老者谦让后选，王三胜先选了自己最拿手的枪，想着要给老者难堪。可结果却让他始料未及。连着三回合，老人将他手中的武器打掉。王三胜不仅损了师父威名，连自己也颜面扫地。

人们在自觉得意之时，更应该提醒自己按捺住得意之情，因为谁都不能保证自己是世界上最好的，收敛不仅会减少别人的比较和嫉恨，还能让你赢得更多的尊重。有些人沉不住气，稍有得意就喜形于色，认为自己高高在上，必须让他人时刻高看自己，常常听不得半句"逆耳之言"，只要别人的言辞稍有不恭，就会大发雷霆或者极力辩解，使得别人对自己产生距离感，渐渐地被人疏远。这时候必然会有比你更有实力的人，让你的得意黯然失色。

所以，人要能控制自己的情绪。得意之时，要不被他人吹捧所动，不要听不进与自己对立的言论，坦然处之，避免心情浮躁而扰乱思绪，在纷繁的社会中让心宁静。得意之时，也要泰然处之，把过去的成功收进你走向未来的行囊，忍一时得意之兴奋，除内心自我之羁绊，这样才会在成功的路上越走越远。

美国著名演员菲利普·西摩尔·霍夫曼用自己的经历告诉我们，得意时不忘形，成功时不自傲，谦逊前行，才是更上一层楼的捷径。

在霍夫曼还是一个孩子时，他就获得了学校主办的“卓别林模仿大赛”的一等奖。高兴至极，他一回家就迫不及待地将自己得奖的事情讲给妈妈。光讲还不够，他还粘上小胡子，拿着雨伞，迈着标志性的八字步，给妈妈演起了自己在比赛中模仿卓别林的样子。

他得意扬扬地说：“妈妈，大家都夸我是卓别林再世呢，没有人比我更像卓别林了。”他等待着母亲的夸奖。不料，母亲却问道：“你是谁？”小男孩一下子愣住了，好久才回答母亲：“我是您的儿子啊，妈妈！”他的母亲冷冷地说道：“噢，原来你不是卓别林啊！”母亲的话像冷水一样泼下来，浇熄了男孩的扬扬得意。这也让他冷静下来，仔细地揣摩母亲的用意。

过了几年，这个曾以模仿卓别林出名的男孩，以自己独特的表演风格出现在大家面前。2006年3月5日，他因在《卡波特》里成功地扮演了作家杜鲁门·卡波特一角而问鼎第78届奥斯卡金像奖最佳男主角。

后来，他在回忆的时候说：“今天的这一切都要感谢我的母亲。当年在我得意之时，她的提醒让我冷静下来，告诉我，我要当霍夫曼第一，而不是卓别林第二。”没错，如果不是他在得意之时能冷静下来，以谦虚的心态对待，哪能在后面的人生之中超越自己呢？

可见，得意之时要学会“忍”，忍住自己的飘然之心，忍住自己的骄傲之情。如此，对外才能以谦虚的面目示人，为他人所看好；对内则能以认识不足的心态继续前进，超越自我。

世界上没有长久的失意者，也不会有永远的得意者，超越得意有时比超越失意更难。因此有人说，一个人最大的成功不是战胜别人，而是战胜自己。有的人得意的时候往往喜气洋洋，满面春风，抛头露面，到处张扬，因而招致人们的不满和不屑，毁了自己的形象不说，还容易引来不必要的麻烦。

得意之时最能鉴别人的定力：定力低者，恃才而骄，居功而傲，得意忘形；定力高者，恃才不骄，居功不傲，甚至功成身退。人生最危险、最可怕的时候往往不是失意之时，而是得意之时，因为失意击倒的不过是一些庸人，而被得意击倒的往往是英雄。

因此，我们需要保持低调和谦逊，得志时切勿失去警惕，得意时切勿忘乎所以，以坦然、平常之心来看待成功。

第七章

和而不同：拒绝别人同化自己，也不苛求同质别人

保证圈子纯洁性，有效社交宁缺毋滥

中国人爱交朋友，认为朋友多了，人脉广了，路就好走了，事自然就好办了。这有一定的道理，但是，交朋友不是随便交的，交友不慎，后患无穷。若是选错了朋友，步入不当的朋友圈子，你很容易被带离正道，走上歧路。

《论语·季氏》有云："益者三友，损者三友。友直、友谅、友多闻，益矣；友便辟，友善柔，友便佞，损矣。"意思是说，益友有三种类

型，损友也有三种类型。结交诚实、正直、知识渊博的朋友是有益的，而结交谄媚、阳奉阴违、花言巧语的人则是有害的。

和正直善良的人交朋友，你会常常得到他们的帮助，并且会从他们身上学到一些有益的东西；与损友做朋友，终日在耳濡目染之下，你很难不受到他们的影响染上恶习，毕竟不是每个人都能做出淤泥而不染的莲花。

换句话说，朋友之间，会相互影响。和什么样的人交往，进入什么样的圈子，最终我们就会成为什么样的人。因此，我们不仅要善于交朋友，更要培养自己阅人、识人的眼光，分辨哪些朋友该交，哪些朋友不该交。

选择朋友的时候，我们一定要慎之又慎，切不可过于草率。保证朋友圈子的纯洁性，有效地、有选择性地结交益友，我们的人生才会有所收获，往后的道路才会走得顺遂、长远。否则很可能交上损友，亲手葬送自己的前程。

王小利就职于一家 IT 企业，本来他是一个工作积极认真、很有责任心的人。来到这家公司以后，王小利连续几年被评为模范员工，经常受到领导的表扬。

如果按照这种情况发展下去，王小利迟早会得到升迁的机会，但可惜的是，这一切在钱飞来了之后就发生了翻天覆地的变化。钱飞是王小利的大学同学，两个人在大学时期关系就十分密切，后来阴差阳错钱飞也来到了这家公司。平心而论，钱飞是一个很有能力的员工，但有一个很大的毛病是自由散漫，吊儿郎当。来到这家公司后，钱飞并没有一心扑在工作上，而是在岗位上磨洋工，每天上班不过是混日子。

目睹好友这种情况，王小利私下里还特意找钱飞谈了几次，劝他摆正工作态度。没想到，钱飞不但不听，还给王小利讲了一堆大道理，说什么打工仔就是打工仔，累死累活也就是赚这么点钱，还不如图个清闲自在。

起初王小利很反感这种言论，但久而久之，他的想法发生了变化。王小利来到这家公司已经好几年了，业务水平进步很快，却迟迟没有得到晋升的机会，还拿着一份说高不高、说低不低的薪水。之前他没怎么想过这件事，但受到钱飞的影响后开始有了情绪，做事明显没有以前积极了。屋漏偏逢连夜雨，年底评选的时候，连续几年被评为优秀员工的王小利不幸落选，这对他造成很大的打击。从那以后，王小利的工作态度越来越消极，工作中马马虎虎，经常出错，为此没少挨领导的批评。

其实王小利并不知道，他这几年的表现一直被上司看在眼里，记在心里。本来上司想再观察一段就对他委以重用，没想到王小利自己打了退堂鼓，升迁一事自然就不了了之了。

没过多久，公司进行大裁员，一向表现不佳的钱飞和王小利都被扫地出门，这对难兄难弟不得不重新找工作。

人生最大的悲哀之一，往往就是选错朋友。王小利本来是一个前途无量的年轻人，但因为不小心认识了损友，几年的努力付之东流，这不得不让人扼腕叹息。

事实上，大部分人在主观意识里能划清益友和损友的界限，也知道交上损友带来的危害，但是他们缺乏判断力和思考力，往往无法识别损友，容易受那些看上去“很美好”的朋友的蒙蔽。更有甚者，他们抵挡不住诱惑，无法坚持自己的原则，一旦受到金钱、利益等诱惑，便会做出错误的选择，甚至明知损友设下了圈套，仍往里面跳。

因此，与人结交的时候，我们要衡量对方是益友还是损友，即交往的朋友会对我们有益还是有害。如果发现对方不是什么善类，那么就应该果断远离这种人。同时，我们要提高警惕，仔细地观察一个人的品性，避免看错人，要保持理性头脑，坚守原则，避免被损友诱惑和蛊惑。

交朋友固然很重要，但更重要的是交对朋友。真正的朋友，是可以帮助我们的益友。也许他们不会和我们推心置腹，但是可以给我们带来成长，让我们变得更优秀。如果不想给自己带来无尽的麻烦和痛苦，就请记住：慎重交友，保证朋友圈子的纯洁性。

敞开心扉，将心比心

我们每个人的性格、思想和立场都是不同的，所以相处时会出现分歧。而我们每个人都渴望被理解、被认同，于是人与人之间便开始说服。一旦无法说服，冲突和矛盾就产生了。

事实上，任何时候，我们都需要避免“己所不欲，强施于人”，避免同化别人，而是要换位思考、将心比心。

换位思考是一种站在他人立场设身处地、感同身受的能力。它帮助我们站在对方的位置，去了解他人的感受、需求、想法以及行动。如此，我们就不会以己度人，也不必费心猜测，而是用简单的方法直接穿破心墙，把自己投射到他人的心田中，达到和谐的沟通效果。

然而，很多时候，当我们活在个人的世界里，自我的心愿越来越强大的时候，他人的心声也就越来越微弱了。其实，我们一点一滴的言行都会在潜移默化中对他人产生影响。

很多人因为希望被了解而急于表达自己，却疏于主动理解对方。在与人沟通和交流中，对于他人发出的信息，我们通常最多只是做出贴切的反应，而根本无心了解对方。因为我们常以为天下人都跟自己一样，以己之心即可度人之腹。

方鹏在教育儿子的时候就犯了这样的错误，将自己的想法强加在儿子身上，而忽视了换位思考、将心比心。

从儿子上高中开始，方鹏就觉得他变得越来越叛逆，越来越难管了。他们之间三天两头就闹一些小别扭或是大纷争。为了解决这个问题，方鹏主动来到青少年心理诊所咨询。

“真搞不懂我那儿子，他从上了高中以后，就很少再听我说话了。”见到心理医生，方鹏开口就这样抱怨道。

“你是说，因为孩子不肯听你说话，所以你不了解他？”心理医生一开始就听出了门道，有意引导着问。

“对啊！”方鹏浑然没有感觉问题的所在。

即使心理医生一再强调、反复发问，方鹏依然不觉得自己有什么不对。最后，心理医生只好明说：“难道要了解一个人，不是你主动走进他的内心世界，理解他说的意思吗？”

方鹏愣了一下，好一会儿才恍然大悟，说道：“噢，没错！可是，我是过来人，很了解他的状况。唯一叫人想不透的，就是他为什么不听老爸的话呢？”

作为一位父亲，方鹏确实完全不明白儿子的心事，他只用自己的观点去揣度儿子的世界，无怪乎他与儿子之间的心墙怎么也打不破。要知道，换位思考可以为我们减少很多麻烦，将心比心则可以让我们换来理解和支持。

将心比心，就是我们必须把自己放在和对方同样的位置上，开诚布公，推心置腹，设身处地。否则，大家位置不相同，心理障碍就会产生，甚至还会导致理解错位。沟通是需要换位思考的，也就是站在对方的位置思考问题，即所谓的“将心比心”。只有自己用心了，敞开心扉，才可以打开别人的心灵之门。

将心比心的出发点是为了理解而非回应，也就是透过言谈明了一个人的观念、感受与内在世界，它不是针对个别词句的理解。专家估计，人际沟通仅有1/10通过语言进行，三成取决于语调与声音，六成则要靠肢体语言。所以，在将心比心的沟通过程中，不仅要耳到，还要眼到、心到，用眼睛去观察，用心去体会。

将心比心不同于同情心。同情掺杂了价值判断与认同。如果对他人有同情心，那么我们感受到的仅仅是一种热情，这依然是我们自己的感受，对他人的感觉，我们还是一无所知。也许我们只是感觉到对方的寂寞、压抑或愤懑，我们为他们的这些感觉难过而已。这会让对方养成依赖之心。真正的将心比心，不是简单的难过，而是会把自己完全投射到对方的心田里，体会他人真实的感受。

同时，将心比心也不代表赞同，它只是深入了解对方感情与理智的世界。如此，哪怕面对争执，我们也能巧妙化解。

所以，与人相处时，换位思考、将心比心是非常重要的。就好像把鲜花献给别人，我们也可以闻到花香一样。这样的做人做事方式，不仅可以减少我们的生活矛盾，更可以让彼此敞开心扉，关系更融洽。

不以自己的喜好衡量别人

与人交往，我们常常会说到尊重，而尊重基本的体现之一，就是接纳别人与你的“不一样”，接纳别人按照自己的喜好去选择。因为世间的许多事情，没有对与错之分，只是大家的选择不同罢了。无论选择哪一条路、哪一种方法，只要能够得到自己想要的东西，那便是合理的。

换句话说，每个人想要的东西都不一样，因此所选择的道路自然也有所不同。我们不可能拿出统一的标准去度量所有人，然后判定别人的选择是对还是错。你的标准不等于真理，永远只适用于你自己罢了。

如果我们习惯按照自己的角度看问题，总是按照自己的方法做事，而无视别人的想法与感受，苛求别人和自己一样，苛求别人和自己做同样的选择，那么就非常容易引发矛盾。

五代时期有个人叫李载仁，是唐朝皇族的后裔。他有个怪癖，就是特别讨厌猪肉，认为吃猪肉简直就是世间最恐怖的刑罚。因为自己有这种想法，由己推人，他便认为这世间上的人应该都与他一样，对猪肉深恶痛绝。

一次，他的两个下属因为一点小事起了争执，最后居然大打出手。李载仁非常愤怒，为了惩罚这两个下属，便叫人拿来许多猪肉烧饼和红烧肉，命这两个打架的下属坐下，将这些猪肉全部吃完，并训斥他们说："要是以后还敢再犯，就让你们吃加了酥油的猪肉，狠狠惩罚你们！"

不得不说，这个李载仁是荒唐可笑的。他认为自己对猪肉深恶痛绝，别人也是如此，以至于用吃猪肉来"惩罚"下属。殊不知，对于下属来说，这简直就是美食，就是奖励。

在认识和评价别人的时候，我们往往免不了会参照自身的特点，不由自主地以自己的想法和意志去推测别人的想法和意志，以为我们自己这么想，别人大约也是这么认为的。这也就是为什么有些人容易与他人发生冲突。

但实际上，人与人是不同的，你认为好的东西，在别人眼中可能一文不值，而你认为毫无价值的东西，却恰恰可能是他人心中的无价之宝。真正成熟的、做事有分寸的人，能够正视这种差异，从来不会用自己的喜好、价值观衡量别人。他们懂得和而不同，懂得存在即合理，即便对方喜欢的东西是不常见的，甚至是怪异的，都能给予尊重和理解。

可惜的是，与之相反的人不在少数。他们习惯用自己的喜好衡量别人，把自己的价值观强加于别人头上。这样的人是自私的、自我的，不懂得什么叫作尊重，哪怕抱着善意的初衷，也无法与他人建立和保持良好的关系。

罗晴是个认真努力又很仗义的姑娘，对朋友尤其"掏心掏肺"。

朋友小A找了个男朋友，罗晴一看，对方长相一般，工作一般，家庭一般，个头儿也不高，于是苦口婆心一通劝告，让小A不要“自甘堕落”，找个如此“一无是处”的家伙。

朋友小B在家人的劝告下放弃了外企的高薪厚职，找了一份安逸不操心的工作，准备结婚生子。罗晴义正词严地教训她，说她不求上进，思想迂腐，放弃自己的大好前途，只想着依附男人过日子，丢了女人的尊严。

朋友小C打算把攒了许久的钱拿去买偶像的演唱会门票，罗晴极力制止，怒斥她一把年纪了还当什么追星族，不如留下钱买几本书增长自己的见识……

久而久之，身边的朋友都不愿意再和罗晴交往，而罗晴却始终不明白，自己对他们这般掏心掏肺地好，怎么他们偏偏还不领自己的情呢？

罗晴最大的问题就出在，她总以为自己的标准就是真理，打着“为你好”的旗号，将自己的喜好和价值观强加于别人头上，却从未想过别人是否愿意接受。不管是交男朋友，还是选择生活方式，或者消费习惯，每个人都有不同的喜好与追求，她又有什么资格要求人人和自己走一样的路、过一样的日子呢？

人与人的相处，基本的前提就是尊重，而尊重最基本的体现，就是接纳和理解别人与你的不同之处。所以，不要总是用自己的喜好和眼光衡量别人的幸福，我们眼里的不幸对于他人而言，或许正是甘之如饴；我们追求的成功在他人眼中，或许才是不值一提的。

让我们成为自己，别人成为别人，有鲜明的边界感，才会赢得别人的喜欢和拥有更多的空间，才不至于处处被孤立、处处碰壁。

别让小人得逞，别给自己添麻烦

中国人在对待小人这个问题上，是懂得分寸和技巧的。面对小人，聪明的人不纠缠，而是保持距离，做好自己的事情。同时，保持警惕心，不让小人得逞，也不给自己添麻烦。

没错，人人都痛恨小人，然而人人又都无法避免会遇到几个小人。他们或因为嫉妒，或因为对自己状况不满，或因为贬损我们而抬高自己，总是明里暗里地挑拨离间、下绊使坏，给我们的生活工作蒙上诸多阴影。

面对小人来袭，我们不必与他纠缠。此时，只需做好自己的事情，意想不到的好运便会悄悄降临到你的身上。因为人性，本就是一半善、一半恶，我们也不例外。小人以恶的一半对待我们，是他们的偏颇，而我们若因此就摆出自己恶的一半，便是将自己也降到小人的档次上，反而如了小人的意。

莹莹单纯直爽，毫无心机，一起干活的搭档晓峰没少欺负她。脏活累活都扔给她不说，晓峰还常在老板面前故做勤奋状，却将她贬得一文不值。另外一个搭档阿达也常常受到晓峰的挤兑，阿达为此愤愤不平，常常对晓峰反唇相讥，甚至多次跑到老板前面说晓峰的种种不是。

看到老板对此没有给出回应，阿达心里十分不平，便也开始消极怠工，处处和晓峰作对。

但莹莹却没有理会晓峰的挑衅，不但工作起来更加卖力，更是不断充实自己。

一天，主管心血来潮，要对所有员工进行能力测试。勤奋努力的莹莹自然立刻脱颖而出，而晓峰和阿达都没能通过测试。

这时，晓峰贬损莹莹的伎俩被人一语点破，而阿达也失去了升职的机会。

其实，所谓小人大多是善于暗地使绊者，很多时候，他们不一定是我们的对手。所以，面对小人的刁难、使绊子，我们只需埋头做好手中的事情就可以了。即使让小人偶尔占下便宜，也未必是一件吃亏的事情。相反，如果我们能够适时借用小人的力量，还能出其不意，给那些等着看戏的小人一个大大的惊讶。

既然这样，为什么不放宽心、一笑而过呢？为什么要纠结其中，到头来，既伤了心情，又给自己招惹了麻烦呢？

放宽心胸虽然不能直接改变天气，但却可以让我们选择在阳光下起舞，在雨中唱一首“雨中曲”；放宽心胸虽然不能让我们选择环境，但却可以让我们选择在吵闹的地方开个派对，在安静的地方读一本好书；放宽心胸不能替我们掌控别人，但可以让我们选择从他们身上获得积极的影响、消极的暗示。

与人相处时，有一半人善待你，就不能拒绝另一半人苛待你；有一半人帮助你，就别介意另一半人暗害你；有一半人赞美你，就要承担另一半人诋毁你。因此，我们永远有一半成功的机会，放宽心胸，不纠结小人的所作作为，做好自己的事情即可。

莫白在一家公司从事销售工作，她为人踏实肯干，又能言善道，刚进公司不到一年，业绩便如芝麻开花一般节节攀高，既而得到高层管理者的关注。俗话说，上帝偏爱的人，也总会得到撒旦的垂涎。

在小莫接受年度嘉奖之后，“霉运”也就此缠住了她。先是她为客户准备的一些重要资料常常不翼而飞，接着又屡次发现自己计算机中的重要文档被人偷偷篡改。更令人气愤的是，不知从什么时候起，公司居然传出她与经理的绯闻事件。这使得男友对她产生怀疑，并日渐疏远。

她的心中也曾一度充满阴霾，但擦干眼泪后，小莫将所有的委屈都咽进肚中。资料被盗，她就将所有的信息都记在脑海里；文档被改，她索性将原始文件备份多个放在别处；至于与经理的绯闻，既然经理单身，小莫干脆顺水推舟，却也从这个绯闻中收获了一段幸福的爱情。

看，当我们面对小人的时候，适当吃亏，也算得上一种福气。

不管任何时候，我们都不应该受到小人的影响，最好是对小人敬而远之，做好自己。千万莫要与他们纠缠，白费了自己的大好时光。

我们身处这个社会，视我们为对手的优秀之士不乏其人，而那些在暗中心怀嫉妒、想要陷害我们的小人也不在少数。不管如何，我们总有一半的机会出类拔萃，成为鹤立鸡群的佼佼者，也有一半的机会随波逐流，自降为小人参与钩心斗角。

因此，我们不能阻止小人的出现，而要放宽心胸，安心做好自己的事情，把握好自己成功的机会，坚持向前，到最后总会有所回报。

当然，若是小人危害到你，触碰了你的原则，最好的办法就是给予小人痛击，将他从你周围清除，否则你随时会被咬、被打击、被陷害。

远离恶习，洁身自好有正气

“君子坦荡荡，小人长戚戚。”为人处世需要坦诚、正直，远离恶习，洁身自好，才能成就大事。犹如兰花虽然生长在偏远的山林之中，却不会因为无人欣赏而停止开放和散发芳香。君子也是洁身自好的，不会因为身处繁杂、充满诱惑的社会而沾染恶习，改变自己的品性和气节。

当然，君子是需要生活的修炼和磨砺的，如此才能成为洁身自好、品性高尚的人。恶习也不是一两天形成的，大的恶习往往是从小的恶习逐步发展来的。所以，千万不要认为“我只是有个小坏习惯，这没什么大不了的”。“千里之堤，溃于蚁穴”，小恶习看起来没有多大的危害，其实里面蕴藏着无穷的祸患。

有一对夫妻，为人处世圆滑，尤其是妻子喜欢占小便宜，偷拿超市或街头小贩的东西。丈夫也不觉得有什么不对的地方，两个人可算是“臭味相投”。夫妻俩一唱一和的日子过得还挺好。

一天，儿子王林的老师打来电话，让他们去学校一趟。夫妻俩觉得有点奇怪，平时儿子挺懂事的，老师怎么会让他们去学校呢，是不是儿子惹祸了？

于是，两个人急急忙忙赶到学校，看到儿子安然无恙，终于松了一口气，心想儿子没事，也没吃什么亏！

夫妻俩被老师叫到办公室，说："王林偷拿同学的零钱，被发现后，不仅不承认，还与同学发生冲突。你们可得好好管教，这样可不行啊？"

他们装作很坦诚的样子连忙点头，还说道："真是对不起，我们没有好好管教孩子，给您添麻烦了，王林，快点给老师道歉。"

谁也没想到，王林竟然义正词严地说："我没有错，错的是他。"

这时，身边的同学气愤地反驳道："你就是小偷。昨天偷拿了我的零钱，还不承认！"

尽管王林很坚定地否认，但是夫妻俩从儿子紧张的表情中可以看出，儿子在撒谎。夫妻俩赶紧给老师表态，保证以后好好管教孩子。然而，他们并没有真正管教孩子，只是不轻不重地批评了几句，便作罢了。

可想而知，王林的恶习没有改正，时间长了，还愈演愈烈。一年后，王林被发现偷盗他人的财物。他趁着楼下超市没人，偷偷撬开超市的窗户，不仅偷盗了收银柜里的几百元钱，还偷走了几条名贵的香烟……

最后，王林因偷盗他人财物，受到了法律的处罚，也被学校开除了。

很多人认为，小小的恶习无伤大雅，不会对生活造成太大影响，其实这种想法大错特错。王林的父母，身上有着爱贪小便宜、爱偷拿他人财物的恶习，虽然这样的恶习不大，也没有太大的影响，但是被他们的儿子沾染上了，加上他们的无视和纵容，最终酿成了不可挽回的恶果。

试想，如果王林的父母洁身自好，远离恶习，王林还会受到影响吗？如果他们能认识到问题的严重性，严加管教王林，王林还会落得这样的下场吗？

生活中总有一些恶习在我们周围，它关乎我们的人品，关乎自己的形象。因此，我们必须洁身自好，远离带有恶习的人或事，不被各种诱惑所吸引，不被各种恶习所污染。如果不幸染上恶习，那么必须根除它，保证自身的积极向上、正直纯洁。

人生在世，保证洁身自好，不迷失、不堕落，把恶的引导成善的，把错的引导成对的，我们的人生才会更加美好。

篇四

俭：行事的分寸与节制

第八章

节而不言：莫说闲话是闲话，往往事从闲话来

说一半留一半，点到为止

俗话说：“话到嘴边留一半，不可全抛一片心。”

话说一半留一半，不是狡猾或虚伪，而是一种适度的修养。说话前需辨清对象，倘若彼此关系浅薄，却一味主观地与之深交，则显得缺失风度；若尚未以挚友相称，而谈话已涉及对方隐私，则显得过于冒昧；没有弄清对方的立场，对于国家大事就高谈阔论，则容易招灾惹祸。正所谓：“不得其人而言，谓之失言。”

所以，话到嘴边留一半，不是不可说全，而是不必说透，不该说完。懂得点到为止的人，在任何时候都能把握分寸，为自己留一条后路。点到为止，留下一半在心头，无论事物发展到何种地步，都会使自己有足够的空间去掌控。

先来看这样一则寓言小故事：

在一个森林王国里，狮子威震四方，号称百兽之王。一个炎热的夏天，狮子隐隐约约闻到身体上因出汗过多而散发出来的气味，便把羊叫过来问："我身上很臭吗？"羊说："是的。"狮子很不高兴，就把它的脑袋咬掉了。

狮子又把猪叫来问了同样的问题，猪说："不臭。"狮子觉得猪不老实，又把猪咬成碎块。

最后，狮子问了狐狸同样的问题，狐狸说："我感冒得很厉害，闻不出来。"

结果，只有狐狸活了下来。

可见，说话太实诚了不行，一味奉承、尽说好话的也会遭殃。拿捏分寸，点到为止，才是恰到好处，是真正的大智若愚。

说话本来就有三种限制：一是人，二是时，三是地。非其人，不必说；非其时，虽得其人，也不必说；得其人，得其时，而非其地，仍不必说。非其人，虽说三分真话，已是太多；得其人，而非其时，只说三分话，正是给对方一个暗示，静观其变；得其人，得其时，而非其地，只说三分话，正可以引起注意。如有必要，不妨择地另作长谈，这才是通达世故之人。

言有尽而意无穷，有情尽在不言中。弦外之声，话外之音，正是话说三分、点到为止的艺术，不失为一种大智慧。它既指出了对方的错误，又保全了其颜面，甚至可以打动人心，这正是中国人的分寸。

话只说一半，对于一般人来说，是生活中需要锻炼的一种素养，而对于某些特殊职业，则涉及职业道德，甚或工作安全了。比如一名医生，对于特殊病人的状况、病历等，是只字不能向外人提及的，这是医生的职业道德；从事保密工作的人，说的这一半话，可能是风花雪月，也许是柴米油盐，抑或是天文地理、稗官野史。总而言之，应该是一些无关紧要的材料。在外人听来，虽然说得头头是道、淋漓尽致、皆大欢喜，其实是言之无物，反而不会招来不必要的麻烦。

另外，对于教育工作者，话说一半留一半，是让学生有更多自省自察的机会。

陶行知在育才学校任校长时，一次考试，一位女学生在写作文时忘写了一个标点，被老师扣了分。试卷发下来后，她偷偷添上了这个标点，来找老师要分。

陶行知先生虽然看出了问题，但还是满足了孩子补分的愿望。不过，他在那个标点上重重地画了一个红圈。

女学生领会了老师的意图，惭愧不已。多年过去了，女孩已经成人成才。她找到陶行知先生说："那件事以后，我才决心用功学习，决心做个诚实的人。"

陶行知先生这种无声的"点到为止"，绝不是毫无原则，更不是"麻木不仁"，相反，是教育技巧和爱心的完美结合。实际上，这是一种暗示：我知道事实是怎样的；更是一种警示：仅此一回，下不为例。如此，不但没有妨碍学生纠错，反而促进了学生对做人更深刻的理解。

嘲笑一句，说的是闲话，丢的是素质

在这个世界上，总有一些人，喜欢把自己放到高高在上的位置俯瞰众生，用自以为是的态度和尖酸刻薄的语言嘲笑与挖苦别人。殊不知，这样的人，嘲笑别人一句，看似说的是闲话，但在旁人眼里，却是丢了自身的素质与教养，惹人厌烦。

发现新大陆后不久，航海家哥伦布应邀参加一个庆功会。与会人员纷纷向哥伦布表示祝贺，同时也发出由衷的赞叹。而有一位骄傲的贵族却很不服气，他很想让哥伦布在这次活动上出丑，同时展示自己有多么了不起。

活动中，骄傲的贵族故意扯大嗓门说道："不就是发现新大陆了，真的没什么了不起的，大家想想看，哥伦布不过就是坐着船一直往西走，随后在海洋中碰巧遇到一块陆地而已。这种事放在我们任何一个人身上都能够实现，只要你愿意坐一艘船，一直不停地往西走，你也会有这个根本不值一提的发现。"

见这个贵族如此口出狂言，正在推杯换盏的人们开始议论纷纷。有的说这个人真是不知道天高地厚，也有的人说他说得也在理儿，哥伦布的确就是坐船向西，然后发现了一块陆地。

对此，哥伦布没有丝毫的不满和尴尬，他向大家微笑了一下，然后随手从桌子上拿起一枚煮熟的鸡蛋，对大家说："请在座的各位试一试，看谁能使鸡蛋的小头朝下，并竖立在桌子上。"每一张桌子上都有几颗鸡蛋，人们纷纷拿起鸡蛋试了起来。

可是大家想尽办法，也无法将鸡蛋竖立起来。这时候，那位骄傲的贵族又开口了。他说道："要想让鸡蛋在平滑的桌面上竖立，那是绝对不可能的事情，除非你把桌子挖个洞。"听完他的话，哥伦布依然没有丝毫动容，而是拿着手中的鸡蛋在桌子上轻轻一敲，鸡蛋便稳稳地立在桌子上了。

这一幕，先是让众人一愣，继而便报以热烈的掌声。那个贵族依然不服，对哥伦布说道："你这种方法根本不能算本事，谁把鸡蛋敲破，都能把它立起来。"

哥伦布听了，冲着那位贵族微微一笑，然后很有风度地对在座的人们说道："没错，世界上的很多事，往往都是看起来很容易，但其中最大的差别就是，当我做过之后，你才恍然大悟。"这时候，只见那位高傲的贵族终于露出羞愧的神色，不再言语了。

这位自以为是的贵族试图用嘲笑和挖苦让哥伦布难堪，只是他没想到的是，人家轻轻松松就把他给"镇住了"，反而显得他太愚昧无知。

在我们的日常生活和工作中，类似这位贵族的人并不鲜见。他们似乎觉得嘲笑别人是一种乐趣，是一种展现自己本领强于他人的途径。

从心理学上讲，喜欢嘲笑他人，主要是受到三种心理效应的影响。一种是排斥心理，所谓物以类聚，人以群分。人们都会有意识地寻找和自己志趣相投的群体，而对于不属于自己群体中的人就会产生严重的排斥心理。所以，当群体中出现一个与众不同的人的时候，他们马上会成为被排斥的对象。嘲笑作为排斥的一种常见方式，也就自然会被派上用场。另一种心理就是嫉妒心理。当别人做出一定的成绩，而自己没能做到时，人们便会产生强烈的嫉妒情绪。于是，当时机成熟的时候，他就试图用嘲笑、讽刺等行为来挖苦对方，让对方难堪，同时也让自己获得因为嘲笑他人而带来的快感。第三种是源于从众心理。当一个群体中出现被排斥的对象时，即便有部分人并不排斥，或者排斥度不高，也不想嘲笑人家，但是为了证明自己不是“异类”，也会加入嘲笑的行列。

嘲笑他人是人性的弱点之一，或许在每个人的潜意识里都有这样的情绪。但是我们要想成为受欢迎的人，就必须学会克制这些弱点，否则难堪的只会是自己。因为无论出于哪种心理，嘲笑别人都是素质不高的体现，真正有素养的人是不会嘲笑别人的。

一次，幽默大师马克·吐温先生参加一个宴会。席间，他礼貌地对一位贵妇说：“夫人，你简直太美丽了！”没想到，那位高傲的妇人却说：“真不好意思，马克·吐温先生，遗憾的是，我无法用同样的话来回答你。”马克·吐温微微一笑，说道：“没关系的，夫人，你其实也可以像我一样说句假话嘛！”

不用问，那位夫人肯定被气得不行。可是，这又能怪谁呢？若不是她用高高在上的态度，嘲笑、贬低别人，又怎会换来别人犀利的“回敬”！

所以，不管自己面对的是什么人，也不管自己有多么优厚的资本，都不要试图用嘲笑来贬低别人、抬高自己，那样做终会让自己在某一天下不来台。真正有素养的人，会始终如一地谦逊待人。这不仅是一种礼仪教养，更是对他人的尊重。

隐私不瞎打听，知道了也不向外说

这个世界上，每个人或多或少都有一些想要隐藏的事情，而这些想要隐藏起来的事情就如同人身上的“逆鳞”一样，是触碰不得的。谁都不会喜欢被人出卖、被人议论的感觉，因此，在与人交往时，对于那些涉及别人隐私的事情，不要去瞎打听。哪怕知道了，也千万不要向外说，不要因为一时嘴快，给别人添堵，为自己树敌。

俗语有云，“病从口入，祸从口出”，讲的就是这个道理。人生中的很多祸患往往都是因为管不住自己的嘴而引发的。

马成功和袁伟在同一个部门工作，又住在同一个小区，而且两人都对汽车颇有研究，一来二去，关系变得非常好，有什么烦恼常常会跟彼此倾诉。

一天早上，袁伟刚出小区就看到马成功一副垂头丧气的样子，于是赶紧追上去关心地问道：“老马，你什么情况？一大早就黑着张脸。”

马成功见是袁伟，叹了口气，就把头天晚上和妻子吵架的事情一股脑地跟袁伟说了，袁伟一边听，一边安慰马成功。倾诉过后，马成功的心情好了很多，对袁伟也非常感激。可没想到的是，没过几天，马成功就无意中听到同事们把他和妻子吵架的事情当笑话在背后讲，他知道一定是袁伟告诉别人的，因为这件事情他只告诉了袁伟一个人。

马成功是个城府很深的人，他没有当场说破这件事，也没有质问袁伟，而是依然当作什么都不知道。后来，由于袁伟工作表现极佳，领导考虑要给他提干。就在这个时候，马成功偷偷给领导写了一封匿名信，把当初袁伟当采购员时吃客户回扣的事情捅了出来。就这样，袁伟提干的事情不仅泡汤了，他还被调到了边缘部门，而袁伟却始终都不明白自己为什么会沦落到这个地步。

袁伟就是一个祸从口出的典型。想当初，马成功也是因为信任他才会向他倾吐自己的烦恼，不曾想，他转头就把别人的隐私当成笑话传播了出去。这样一个不讲道义、口无遮拦的人，怎么可能不招致别人的怨恨呢？就是一时的嘴上愉快，让袁伟断送了大好前程，真是令人唏嘘！

无奈的是，在现实生活中，对于某些人来说，保守秘密似乎是件极其困难的事情。很多时候，他们之所以热衷传播、泄露别人的秘密，通常是因为觉得这样做很有趣，并且能够取悦别人，从而获得满足感。但事实证明，像这样不能严守秘密的人，往往会成为虚荣的牺牲品。

林丽丽毕业之后，在学姐的介绍下顺利进入一家私营企业做实习经理助理。由于工作认真刻苦，待人又热情亲切，所以公司上下都非常喜欢她。尤其是她的直属上司经理老陈更是对她倚重有加，每次和客户谈判，几乎都会带上她。

一开始，林丽丽一直以为经理老陈是个非常博学的人，他的办公室装饰得古色古香，墙上也挂着不少名家的字画。但渐渐地，林丽丽却发现，事实似乎并不是这样。每次和客户签合同的时候，老陈都会让林丽丽把合同给他读一遍听；平时在办公室里，设计部送来的文案，老陈也会让林丽丽看完之后告诉她。种种迹象表明，经理老陈似乎“目不识丁”。

一次，为了确定这个天大的“秘密”，林丽丽故意在闲谈的时候试探老陈说：“经理，你是不是很喜欢王羲之啊？”

老陈疑惑地看着林丽丽，不明所以地回答道：“什么王羲之啊？公司里只有一个叫王雅芝的吧？”

这个回答让林丽丽确定了自己的猜测，并开始有些鄙夷起经理老陈来，觉得他打肿脸充胖子，明明不认字，还要装文化人。

后来有一次，林丽丽因为疏忽，在拟定合同的时候犯了一些错误，被老陈痛骂了一顿。情急之下，林丽丽竟脱口而出道：“经理，你自己连字都不认识，至于在这么一点小错误上就骂我吗？”经理顿时脸色铁青。

那天之后，林丽丽也很后悔。也是那天之后她才知道，其实公司里的所有员工都知道老陈不识字的事情，但从来没有人议论过。不久，实习期结束，林丽丽就从人事部收到了离职通知书。

深受领导器重的林丽丽如果能有些分寸，不瞎打听领导的隐私，也不至于落到被公司“扫地出门”的地步。其实，经理老陈究竟识不识字，是不是文化人，对于林丽丽来说是没有任何影响的。甚至正是因为经理老陈不识字，他才会如此看重林丽丽，给她这么多表现的机会。只可惜，藏不住事的林丽丽最终没能把握住机会，一时冲动触到了老陈的“逆鳞”，就此失去了宝贵的工作机会。

在职场中，一时的言语失当往往可能引发难以预料的连锁反应。因此，无论何时何地，我们都要把握分寸，懂得管住自己的嘴，正所谓言多必失，与其总说些无用的话，不如多做点有用的事。说人是非者，必是是非人，管住自己的嘴，才能少惹是非，远离祸端。

交浅不可言深，“自我暴露”也要有分寸

在人际交往理论中，“自我暴露”是个重要概念。“自我暴露”又称自我开放或自我揭露，就是自发有意识地向对方暴露自己真实且重要的信息，即两个人将心里话分享给对方，透漏自己的兴趣爱好，表露自己的真实感情和真实想法，从而开启相互了解的大门，和对方建立感情的联系。

良好的人际关系，就是在不断自我暴露的过程中形成的。在交际中，你暴露一下，我暴露一下，距离拉近了，感情自然就亲密了。

但这种暴露要适度，千万不能交浅言深。如果所说的话超出交情的范围，尤其是在不太了解谈话对象的情况下，你却深入交谈，那么不仅没有亲和力，反而会给对方带来一定的威胁以及压力。久而久之，对方就会采取避而远之的防卫态度。那些高开低走的人，都是交浅言深。

陆先生是一位名校毕业的高才生，业务能力非常强。刚刚来到新单位的第三天，他就和单位的一位老乡一见如故，双方

十分谈得来。

人到中年，尤其是在职场，结识真朋友的概率比较低，因此，能认识这位老乡，着实让陆先生欣喜异常。可是这种喜悦却只持续了一段时间。就是因为这位老乡，陆先生甚至生出辞职的念头。这究竟是怎么回事呢？

事情还要从两人相约喝酒说起。当时，陆先生请老乡去喝酒，两人一边喝一边聊，就说起了感情方面的事情。当时陆先生觉得这位老乡和自己已经是朋友了，对方对他也十分照顾，因此完全没有设防，讲起自己的几段恋情时都尽诉无遗。

陆先生告诉老乡，自己交过三个女朋友，并说这次换工作就是希望事业和爱情两丰收，毕竟年纪也不小了。可没想到，这位老乡回到公司，转身就和其他同事说，他是一个很花心的人，这次来公司就是为了撩妹，让年轻姑娘们提防着他。就这样，同事们都开始用异样的眼光看陆先生，就连一开始看重他的领导也变得冷淡了。

直到这时，陆先生才悔不当初："我真是看走了眼，没想到他是这样的人。"

在这个事件里，陆先生无疑是受害者，但从另一方面来说，他之所以会成为"受害者"，很大一部分责任在他自己身上。或许对陆先生而言，他对老乡敞开心扉，是为了拉近彼此的距离，增进同事之间的关系，同时对老乡存有几分信任。但说到底，他和这位老乡并没有很深的交情，也不了解对方的为人，在这种情况下，畅所欲言就是一种失了分寸的行为。

要知道，当你张口说出所谓"秘密"的时候，就不要期望对方会为你守口如瓶。哪怕是相交多年的友人，都未必能够做到这一点，更何况交情浅淡的新同事呢？所以，交浅不可言深，即便是自我暴露，也不能失了分寸。

现实生活中，总有这样一些人，但凡遇到新朋友便表现出极高的兴趣，一抛出话题就源源不断地开始聊，拉着人家说着掏心窝子的话。你以为自己是在付出真心和别人交往，但在对方看来，你的行为就是失了分寸的无礼。

当然，还有一些人的交浅言深，实际上是一种社交策略。他们希望用更深入、更关键的信息来吸引对方的注意力，争取在最短的时间内以最快的速度获取他人信任。但人与人之间的心理差异是非常大的，你的自我暴露未必就能打动对方，获取对方的信任，甚至你所说的一切，最终反而可能成为别人攻讦你的武器。

“可与言而不与之言，失人；不可与言而与之言，失言。知者不失人，亦不失言。”意思是，可以与之交谈的话，却不和对方谈，你会失去这个朋友；不可以与之交谈的话，你却和对方谈了，那就失了分寸，说错了话。真正有智慧的人，是不会丢失朋友，也不会随便失言的。这是因为，真正有智慧的人懂得掌握分寸，知道在什么时候应该说什么样的话，和什么样的人应该交什么样的心。

言语应当放在交情之后，只有感情到位，才有言深的余地。和别人交谈时，最好先掂量一下自己和对方的关系，根据彼此的关系掌握尺度。如果是不太熟悉的人，准备一些常见的话题即可，比如天气、美食、路况、新闻大事、最近比较热门的电影等，切忌兴由所至、信口开河，这样不仅会给自己埋下隐患，也会让对方感到尴尬和不自在。

人与人从陌生到亲密，需要时间累积的过程，有时两人的关系只是点头打招呼，或者是聊聊工作的同事关系。有些话能说，有些话只能对谁说，有些话只能烂在心里，这些我们都应做到心中有数，才不会授人以柄。

埋头做正事，缄口养心性

很多人对于“口才好”的认知存在一个误区，以为口才好的人话都特别多。但实际上，二者并没有什么联系。话说多了有什么好处呢？比如，池塘里的青蛙整天地叫，弄得口干舌燥，却从来没有人注意它，人们还嫌弃它过于聒噪。可见，口才好不好，不在于说了多少话。

有这样一则笑话：

“啰唆先生”出差在外数月，终于可以在下月回家了，于是写信告诉家人。信中洋洋洒洒上万字，开篇写道：“我将于下个月回家，不是 1 号就是 2 号，不是 2 号就是 3 号，不是 3 号就是 4 号，不是 4 号就是 5 号……不是 28 号就是 29 号，不是 29 号就是 30 号。为什么不写 31 号呢？因为下个月是小月……”

虽然这则笑话存在一些夸张成分，但这种啰啰唆唆、拖泥带水、言语空泛的人，确实很令人讨厌。在我们身边，也不乏这样一些人，他们只顾着自己说得痛快，不停地说着，唠唠叨叨没完。这些人虽然说了很多话，可未必是会沟通的人，因为他们句句不着边际，即便说再多的话，也没有任何用处。

每个人的时间都是有限的，精力也是有限的，无人喜欢别人的长篇阔论。当然，这不是说讲话一定不能多，而是应该做到语言简明扼要、简中求简、简中求精，说出一句算一句，句句都能说到点子上。这样说话，哪怕再长，都不会使人生厌，因为内容是充实的、有用的，而不是那些毫无意义、浪费彼此生命的废话。

彭先生是一个十分讨厌参加宴会的人，因为在很多宴会开始之前，几乎都会准备一些冗长的讲话。在他看来，那简直像王婆婆的裹脚布，又臭又长！

但这一次，为了了解到一些新的行业消息，彭先生还是受邀参加了行业聚会。这次宴会是行业内规模最大、水准最高的，但也因为如此，宴会开始前的讲话更是必不可少的环节。

到了开会那天，不出所料，主办人先走上台，发表了一通冗长又煽情的贺词，对各位到会者表示欢迎，不知不觉十五分钟过去了。彭先生已经有些昏昏欲睡，环顾四周，像他一样的人不在少数。又过了十几分钟，主办人才终于宣布：“现在，有请我们著名的企业家孙先生为本次大会致开幕词！”

在众人的掌声中，孙先生快步走上演讲台。就在彭先生以为又是一篇长篇大论时，他只听到孙先生快速而清晰地说了一句话：“敬业与创新、改革与发展，这是我对这次大会的期望，现在我宣布会议正式开始。”

台下顿时响起热烈的掌声，就连彭先生也精神起来，心中对孙先生更为敬佩。孙先生的这句开幕词，去除了很多套话、官话，简短有力，一语中的，简直是彭先生听过的最好的开幕词了！

与他人沟通，滔滔不绝不是吸引对方的好办法，将自己的意思浓缩成几句话，才是能震撼人心的智慧，让听者的内心激起层层涟漪。

说白了，简明扼要的语言是认知能力和思维能力的高超表现，时刻体现出说话者分析问题的快捷与深刻。

高尔基说过一句话：“如果一个人说起话来长篇大论，这说明他也不甚明了自己想说什么。”确实，语言是用来表达思维的，说话习惯在一定程度上反映了思维状况。那些在沟通时喜欢长篇阔论的人，大多条理不清晰，思绪没有重点，才会来回重复一套说辞，把一个观点绕来绕去地说。

20世纪30年代，上海各界公祭鲁迅先生。在大会上，有人问著名的新闻记者、出版家邹韬奋先生如何评价鲁迅，邹韬奋说：“许多人不战而屈，鲁迅先生战而不屈。”一句话就将鲁迅的精神提炼出来。很显然，这是经过一番深刻思考才总结出来的。这句话后来得到广泛传播，至今为人们津津乐道。

可见，真正的好口才不在于你能讲多少话，而在于你能否用简短的话语，说出精彩的内容，达成直击人心的效果。

要做到这一点，在说话之前，我们要懂得整理自己的思绪，提炼出自己最想表达的观点和重点，摒除一切废话，简明扼要地说出来。这不仅是对话术的锤炼，更是对听众的尊重，毕竟你的废话连篇，浪费的是别人宝贵的生命与时间。一个懂礼仪、有分寸的人，是不会做出这样令人生厌的事情的。

正所谓“埋头做正事，缄口养心性”，学会精简表达，进行精练、透彻的分析，让听的人能迅速了解核心内容，加快解决事情进程，才是真正的好口才。

正可谓，话不在多，达意最灵。

嘴上说的悲喜，往往是人生的写照

有人说过这样一句话：你嘴上所说的人生，就是你的人生！

这话听上去似乎有些夸张，但实际上不无道理。

语言是我们与人沟通的主要工具，不同的语言方式所传达出来的意义是有所不同的。你可以闭上眼睛，想想和你交谈过的对象，他们可以是家人、朋友、同事，甚至是一些陌生人。有时短短几句话，就让这些人在你的心中留下独特的印象。有些人留给你的印象是积极的、阳刚的、奋进的，有些人留给你的印象是消极的、颓废的、阴郁的……这就是语言方式所具有的影响。

“好的，没问题”“不要担心，一切都会好起来”“一定会有办法的”，每天都能说出这种积极话语的人，他们的每一天都过得非常顺利，即使遇到困难也能够渡过难关。

相反，说起话来总带着抱怨的口气，如“太糟了”“太让人气愤了”“没办法”的人，他遇到的挫折也特别多，运气也特别糟糕，这样的人是不会受人欢迎的。

同学聚会上，一群校友在闲聊。大家发现，当年的班长万柯现在混得十分落破。想当初，他每次考试都是前三名，拿遍了学校的各种奖励。但是自从毕业，他的人生就像跌进谷底，同期的好多同学已进入所在公司的管理层，可是他的工作换了一个又一个，现在还在一个小单位过着朝不保夕的日子。他的家庭生活也很不如意，据说刚刚和妻子离了婚。

对于万柯的经历，同学们虽然感到很好奇，但也没有多说。不管怎么样，难得相聚，大家的兴致都挺高，也乐于分享自己这些年的经历。

一个同学说自己平时努力工作，节假日则去四处旅游，想趁着年轻多看看世界。万柯听到，却皱眉说道："到哪里都是人挤人，这真的是花钱买罪受，还不如宅在家里玩手机。"

见这位同学脸色有些不悦，另一个同学接着说道："现在真是手机在手，吃喝玩乐都不愁。这几年自媒体如此火爆，我也打算搞一搞。"

万柯立马摇摇头说："自媒体？我告诉你们，那都是不务正业，哪有什么技术含量？何况，你并非专业出身，做也做不好，还是趁早放弃这种想法吧。"

同学尴尬地笑了笑，不再说话。

见此场景，一名同学赶紧另找话题，问万柯："班长，你这几年怎么样？"

万柯深叹一口气，"唉，瞎混，轻松的工作不赚钱，赚钱的工作又太累，关键是社会上的人心眼太多，总是明里暗里给你使绊子……"

听到万柯的抱怨，有人提议："如果现在的同事不好，你可以换份工作。"

结果，万柯又是长叹一声："已经老了，折腾不动了，再折腾，只有被辞的份儿。"

本来大家都是高高兴兴的，但万柯的这些话一出口，整个谈话气氛变得冰冷起来。

聚会结束时，一位从事房地产的同学给大家递送名片。万柯接过名片说："你们公司现在名气倒是还挺大，不过等政府出台政策，房价一跌，你就知道哭啦！要我说，你还是趁早改行，做做其他事业吧。"该同学冲大家僵硬地笑了笑，停止了发放手上的名片。

这次同学聚会，每个人都很不舒服，简直一言难尽。大家都不想再与万柯谈话，因为可能不知道哪句话就会招来他的一瓢"冷水"。

为什么大家都不喜欢万柯？为什么他在生活中处处不如意？原因想必大家都知道了，他嘴上的悲喜早已映照出他的人生。

语言是有情绪的，而情绪是会传染的。当一个人的言语中充斥着负面、消极的情绪时，周围的所有人都会跟着遭殃。因为面对总说负面话的人，你是很难有好心情的。而且，爱讲负面话的人，看问题往往过于狭隘偏颇，凡是不符合自己理想的模式，都一概予以否定。这就如同用放大镜甚至是显微镜看人，将别人微不足道的缺点放大。正如鲁迅先生曾经比喻的，"一位老夫子用一枚放大镜去看美人那嫩白的胳膊，结果却看到了皮肤间的皱纹和皱纹间的污泥。那么试想，如果我们再用显微镜去观察，看到的岂不就是骇人的细菌布满全身了吗！"

消极被动的言语中，往往还暗含着推卸责任的意图。

"他把我气疯了！"这句话的意思是，责任不在我，是别人的行为影响了我的情绪。

"我没有办法了。"这句话意味着迫于外界压力，我只好选择服从。

"我只能这样。"这句话其实是在宣称，我无法改进或提高自己。

……

一味地抱怨，一味地攻击，除了制造口角，就是令自己变得更加面目可憎。

每个人都会遇到不如意的事情，都会深陷负面情绪而不可自拔，这是非常正常的。但即使是宣泄负面情绪，也应当掌握分寸，做到适可而止，不要总把自己的消极情绪融入语言之中，对着别人倾倒。

沙皮儿·沃尔夫说，我们使用的语言能够直接影响我们的思考方式。如果你总在抱怨，那么事情只会变得更糟。

当棘手的问题出现时，我们不要以消极的态度应对，拘泥于固有的观念，而要学着全方位看待所遇到的事情和问题，及时转换心态和思路。这有助于你及时扭转不良情绪，学会如何把负面语言变得不再负面，甚至转向正面，从问题中找到方法。

不好的地方＝改进的方向

一次困难＝进步的超越

一次危机＝全新的挑战和机会

弱势＝成长的空间

忙到分身乏术＝工作充实

……

我们要审视自己的日常表达，细细斟酌将要说的话是否带有负面情绪。如果有，揪出那些负面的、抱怨的、消极的话语，用正面的、激励的、积极的话语替代一下。虽然表达的是同一个意思，但你已拥有正面、正确的表达方式，也意味着你拥有积极的思维方式，更利于温馨沟通氛围的营造和双方和谐关系的建立。你嘴上说的悲喜，往往就是你的人生写照。

第九章

欲而不贪：
欲是本能心病，俭是生活体统

节制泛滥的物欲，摆脱妄念上的焦虑

对待欲望，人们通常有两种方式：一是适当地节制它，二是尽量去满足它。

喜爱开车的人大多喜欢上高速，只有在高速公路上才能真正享受到飞驰的快感。当他们沉迷在这种奔驰中，速度一再升高，危险也悄然降临。当速度超过限制，有时会引发严重的交通事故。车开得太快，他停不下，别人也避不开，这种车祸现场血肉横飞，极其惨烈。人的欲望就像开快车，到了一定的速度，如果不知道及时刹

车，不但害了自己，也会给别人带来巨大损失。

在古代，国家面临内忧外患，有位皇帝登基后选拔了一批年轻能干的大臣辅佐自己，有四个人最引人注目。第一个指挥兵马抵抗外族侵略；第二个带领人马深入边疆开辟领土；第三个辅佐皇帝完善内政，保证百姓安居乐业；第四个掌管国家机构，使国家行政高速而有效率。经过十年的时间，国富民强，四夷臣服，皇帝对四个人感激不尽，让他们自己提出想要的官职。

第一个人要当将军，第二个人要求在自己开拓的领土封侯，第三个人要当宰相，第四个人对皇帝说国事已了，想要回家孝顺父母、陪伴妻子。皇帝答应了他们的请求。

又过了十年，前三个人或因为朝臣造谣，或因为自己生了歹心，都被皇帝处斩抄家，只有那个功成身退的大臣，不但全家性命得以保全，还常年享受着皇帝的赏赐、百姓的赞扬。

在封建社会，伴君如伴虎，明智的人选择功成身退，更多的人选择获得地位和权力。四位功臣只有急流勇退的那一个保全了性命，其余人不是不知道官场危险，却依然不知收敛，直到皇帝认为他们威胁到了自己的地位，逐一将他们杀死。更确切地说，杀掉他们的是渴望地位的欲望。古今中外，许多能臣武将被这种欲望操纵，成了权力的牺牲品。

在阿拉斯加的赌场里，赌场管理人员故意将灯光布置得昏暗，让人一进去就忘记时间，既感觉不到黑夜也感觉不到白天，只会被现场的气氛所感染，不断下注。在这里，人的贪婪不断被煽动，手中的筹码用完，他们会迫不及待地买更多的筹码，平日理智的人也会为一夜暴富疯狂。他们中的大多数人输光了钱，有的甚至倾家荡产。只有那些能够控制欲望的人，才能真正把赌博当作一种娱乐，拿出有限的钱，赢了很开心，输了也不可惜。

股市上也经常有这种情况。有人为了暴富，不但拿出自己所有的财产，甚至举债购买他所看中的“潜力股”。极少的人发了大财，更多的人赔得一干二净，也有人为此结束生命。旁观者感叹，股票本来是一种投资方式，偏偏有那么多人将它当作投机的机会，为了财富，完全忽略了巨大的风险，把自己逼上绝路，给家人带来灾难，一切都源于无止尽的欲望。由此可知，欲望应该有一个底线，超过这个底线，所有人都输不起。

一个国王为国家操劳一生，年老之后，妻子已经去世，他把王位传给了儿子，希望自己能在一个幽静的山林颐养天年，安然离世。于是，他独自去了邻国的一座山林。

到了山林他才发现，山里的生活并不简单。住在山洞里，他需要每天捕鱼抓食物。他觉得有更好的工具，生活会更轻松，于是去集市用抓来的鱼换来渔网、弓箭等工具。等到有了这些东西，他觉得有条船、有匹马自己会更轻松，于是又去买船买马。过了一段时间，他觉得自己忙不过来，就雇人帮他捕鱼打猎。国王的运气很好，渐渐地，他的仆人越来越多，财富越来越多，邻国国王都派人请他去宫中吃饭。他又回到过去锦衣玉食的生活，每天为各种琐事烦恼，仍然不能过梦想中的安静生活。

国王想要归隐山林，安享晚年，可是这位总是想要"充实"自己的国王很快又成了一方名人。其实，国王只要在起初的几个步骤停下来，他就能够过一种简单的生活。但是国王放任自己的欲望越来越多，欲望越多，生活就越复杂，等他回过神来，再也不能过平静的生活了。

欲望是人基本的属性，没有人能摆脱欲望，但其实也不必对它过分害怕。我们能做的是尽量给欲望定一个底线和标准：在这个标准上，既能让自己生活得舒服、自在，又不会太过损害别人的利益；在这个标准上，心灵能够保持宁静而又积极的状态，不会因贪婪劳累，也不会因碌碌无为而迷茫。当我们学会节制泛滥的物欲，自然就能摆脱妄念上的焦虑了。

放下冗余包袱，才能轻松享受生命旅程

西方有一句著名的话："Life is a journey！"也就是说，生命如同一段旅程。在这段旅程中，每个人都背着一个空行囊向前行走。一路上，人们会捡拾到很多东西：地位、权力、财富、友谊、爱情、责任、事业……不断捡拾，行囊便渐渐被装满。然后，背负太多，沉重得让前进的阻力越来越大，迈步的表情越来越痛苦，快乐也就渐渐地消失了。

这就是为什么孩子总比成年人更容易快乐。孩子的要求是单一而纯粹的，没有更多的"附加值"。对于一个喜欢吃零食的孩子来说，一座金山也不如一包糖果能令他快乐；对于一个喜欢在野外玩耍的孩子而言，一团可以变出各种玩具的黏土胜过满屋子的高级玩具。

快乐其实很简单，生活原本也没有那么多烦恼。学会把冗余的包袱放下，自然就能轻松享受生命的旅程。

据说，蜈蚣在最初被造物主创造时并没有脚，但它仍可以爬得和蛇一样快。

一天，它看到羚羊、豹子和其他有脚的动物都跑得比自己快，心里非常不高兴，便自我安慰似的念叨着：“哼！有那么多的脚，当然跑得快了。”

于是，蜈蚣向造物主祷告说：“造物主啊，我希望拥有比其他动物更多的脚。”

没想到，蜈蚣的这一请求不久后便真的实现了。造物主把许多只脚放在蜈蚣面前，任凭它自由取用。

蜈蚣迫不及待地拿起这些脚，不停地往自己身上贴，从头一直贴到尾，直到再也没有空间了，它才依依不舍地停止。蜈蚣心满意足地看着满身是脚的自己，暗暗窃喜：“现在，我可以像箭一样飞出去了！”

然而，等它想要迈开脚步“狂奔”时，蜈蚣才发现自己完全无法控制这些脚。每一只脚都“各行其道”，要想让它们保持一致，蜈蚣必须有百倍的精力去关注，才能使一大堆脚不致互相跌绊而顺利地往前走。这样一来，它走得反而比以前更慢了，而且还累得气喘吁吁。

过多的欲望也许从表面上看的确得到了一些，但事实上，从长远的发展而言，最终得到的都不会很多。想来，人之所以活得疲累，不是因为使之快乐的条件没有攒齐，而是想要拥有的东西太多，从而成为痛苦的奴隶。

人生而无物，本来就该怀着满足之情。但当被给予了其一后，自然而然就想拥有其二。如此发展到最后，就形成一种可怕的贪欲：只要自己没有的，就是好的，就一定想要。当欲望之火被点燃后，烦恼就来敲击心门了；贪求更多时，痛苦便来缠身了。

从前，在一个百万富翁的隔壁，住着一对磨豆腐的小两口。有谚语说，人生三大苦，打铁撑船磨豆腐。但磨豆腐的小夫妇却乐在其中，一天到晚家里充满歌声、笑声，并传到了百万富翁的家里。

百万富翁的夫人一时间便感到失落万分，对丈夫说："我们有这么多钱，怎么还不如隔壁家磨豆腐的小两口快乐呢？"

百万富翁说："这有什么，我让他们明天就笑不出来。"

当天晚上，百万富翁隔着墙扔了一锭金元宝。第二天，磨豆腐的家里果然就鸦雀无声了。

原来，夫妇俩正在合计呢！他们捡到了"天下掉下来的"金元宝后，对着这"飞来之财"便想，磨豆腐这种又苦又累的活儿以后是不能再做了。可是，如果做生意，赔了怎么办？不做生意？总有坐吃山空的一天。丈夫心里还想，生意要是做大了，是该讨房小媳妇，还是该休了现在这个黄脸婆？妻子则在琢磨，早知道能坐等发财，当初就不该嫁给这磨豆腐的。

一寻思，二琢磨，之前快乐的小两口现在谁也没有心思说笑了，烦恼已经开始占据他们的内心。更令小两口痛苦的是，下一个金元宝会什么时候"掉"下来呢？这样，就能想买什么就买什么了。

没有节制的欲望，只会带来无穷无尽的不满足：填饱肚子又求珍馐，娶了娇妻又求美妾，有了房舍又求华厦，谋得一职又求升官，得到千钱又求万金……宝贵的一生就在不断追求"拥有"中苦恼地度过，让自己背负的包袱越来越重，直至压垮前行的步伐。

一个人拥有财富的多与少是没有标准的，正所谓："良田万顷，日食几何？华厦千间，夜眠几尺？"有钱人名下千金万土，但日夜畏惧，心难安稳。石崇生前万般积聚，富可敌国，但最后却落得个死无葬身之地。读书人知足常乐，以天下为己任，心怀众生："一箪食，一瓢饮，在陋巷，人不堪其忧，回也不改其乐。"谁又说得清到底谁拥有的更多、更可贵呢？

最朴素的道理告诉我们，有用比拥有更有价值。就像那个在高速行驶的火车上掉了一只新鞋的老人，在众人皆惋惜的时候，他把另一只鞋子也扔到了窗外。老人的解释是："这一只鞋无论多么昂贵，对我而言已经没有用了；如果有谁能捡到一双鞋子，说不定他还能穿呢！”这看似的“失去”何尝不是另一种拥有呢？老人从中得到的内心快乐，又岂是用物质可以兑换的？

所谓拥“有”，是有限有量；所谓空“无”，是无穷无尽。如能以“有用”的胸怀来顺应真理，以“有用”的财富顺应人间，让“因缘有”“共同有”取代私有的狭隘，让“惜福有”“感恩有”消除占有的偏执，如此，心灵的源泉便不会枯竭，快乐便汩汩而流。

外表简单一点，内涵就会更丰富一些；需求简单一点，心灵就会更宁静一些；环境简单一点，空间就会更广阔一些。人应有追求、有渴望，但更要懂得把握分寸、节制欲望。放下冗余的包袱，人才能轻松上路，享受更美好的人生旅程。

目标太多，小心“竹篮打水一场空”

人的能力和精力都是有限的，而能力决定了他能获得什么，努力程度决定他能获得多少，若是过于贪心，给自己设立太多目标，无疑是一种自我折磨。

就像小时候我们吃着糖果，如果总是想着没吃到的饼干，或者想着明天吃的蛋糕，目标太多，就会造成心理混淆，最后吃到嘴里的都感觉不香甜了。还有的时候，我们顾此失彼，不看自己手里的，紧盯着别人手里的，最后两边落空，自己难过。

所以，人要学会把握分寸，目标不要太多，一个就好，简单一点，专心一点，抓紧眼前的东西才是明智的选择。

游牧民族的孩子从小就要学习牧羊和打猎。看到丰茂的森林草地，全族的青壮年男子就要冲进去寻找猎物。一个孩子刚刚学会骑马，在叔叔的带领下学习打猎，想要一展身手。

小孩子爱玩，心态又浮躁，看到兔子就想追兔子。正在追兔子，旁边蹿出一只鹿，他又想追那只肥大的鹿。这时一只野鸡从头上飞过去，他又想弯弓射箭打下野鸡。孩子就这样看到什么想打下什么，打不到一个，回头想找一开始看到的那个，动物们早跑没影了。忙了一天，他两手空空。

叔叔告诉他说："我第一次打猎和你一样，看见什么想打什么，其实一次只能射一箭，得到一只猎物就是收获，为什么要贪心呢？只有戒掉这个毛病，你才能成为优秀的猎手。"

孩子初学打猎难免三心二意，什么都想抓的结果是什么都没有抓到，白白浪费力气。长辈以自身经验告诫孩子，想要做优秀的猎手，先要学会不贪心，一心一意地抓紧眼前的目标。打猎如此，做任何事也是一样。目标一旦堆积，就会造成视觉上和心理上的双重障碍。只有头脑清醒的人才会从一开始就盯准一个，抓到手再着手下一个。

一个人不能同时追赶两只兔子。如果一只兔子朝东，一只兔子朝西，这个人只能留在原地踏步，一无所获。如果兔子再多一点，这个人恐怕连怎么抓兔子都忘记了，光顾着想究竟追哪只，成为彻头彻尾的空想家。大千世界，机会无处不在，诱惑无时不有，如果不能认定一个，而是四面出击，不论是精力还是头脑，都会不够用。

人们常说做事要重视过程，不要过分看重结果。其实，这句话应该加一个前提，不论什么过程，都需要投入百分百的心力，否则就不叫过程，而叫路过。路过的人看看路边的好风景，欣赏一下别人的劳作，还能指点一下哪块地长得好，哪片林子收成不好。当然，收获这件事与这样的人无关。三心二意的人经常处于"路过"状态，他们做什么事都是三天新鲜，很快又有了新的目标、新的计划，而且还会找很多理由说服自己、说服别人："现在这个比以前那个更好。"这样的人，抓不牢自己的人生，只能"被路过"。

一只狐狸住在一座大山里，经常为食物发愁。这一天，它的好运来了，山脚下的一个农民开了一个养鸡场，狐狸每天都溜下山，偷偷叼走一只鸡。农民每天清点鸡的数目，发现每天都要缺一只。狐狸跑得太快，农民没有办法。

渐渐地，狐狸觉得每天一只鸡不够吃，它想要吃更多的鸡。它每天叼一只大个的鸡，还要带上一只小鸡。

又过了半个月，一只大鸡和一只小鸡也不能满足狐狸的胃口，它开始叼两只大鸡。

可是，叼了两只大鸡后，狐狸的偷跑速度明显地慢了下来，终于在一天晚上，被埋伏在鸡棚外的农民抓个正着。直到被捆住，狐狸的嘴里还紧紧咬住一只鸡。农民叹息说："你真是到死都不知道悔悟！要不是你太贪心，又怎么会被我抓到！"

一只快要饿死的狐狸发现一个养鸡场，从此有鸡吃了，后来它的胃口越来越大，这个过程形象地反映了贪心的膨胀。一旦欲望超过一定限度，灾难就会降临，狐狸被养鸡的农民抓住。更让人感叹的是，这只狐狸到死也摆脱不了自己的贪欲，被抓的时候还紧紧地咬住刚刚偷来的鸡。贪欲的毁灭力量可见一斑。

俗话说，人心不足蛇吞象。没有节制的欲望，最终带来的只会是"竹篮打水一场空"。我们有限的生命和能力，追求不了那么多的东西，承受不了那么重的负担。

人生的道路也是如此，很多时候，我们不止一个选择，哪个方向都有自己想要的东西，都是一种诱惑。但我们必须下定决心选择一个，才能用最短的时间到达目的地。一个人不能追逐两个理想，任何时候，专一的人比左顾右盼的人拥有更多获得成功的时间、珍贵的机遇。这是人生的智慧，也是生活的分寸。

追名逐利没有错，但别成为名利的奴隶

朱熹告诫世人：“凡名利之地，退一步便安稳，只管向前便危险。”这就是说，只有淡泊才能明志，宁静才能志远，剥去世俗的外衣，才能种下成功的种子。

追名逐利是人生于世的一种常态，并没有错，但我们应该始终牢记，名利不过是手中的工具，纵使再好，再吸引人，也不过是工具而已，它的最大意义是造福我们的生活，成就自我。如果为了追名逐利而失去尊严，甚至失去自我，沦为名利的奴隶，那与我们的初衷不就完全相悖了吗？

真正聪明的人都明白，品德的高尚远比追名逐利更加重要。我们说一个人品德高尚，并不意味着他们就得不食人间烟火，完全超脱于功名利禄，也不与世无争，更不甘愿无所作为。他们只是超越一切世俗的观念，舍弃无止境的贪欲，保持不为名利所累的心，以及适可而止的理智。

任何有过丰富生活阅历的人都非常清楚：一个人如果醉心功利，

就会被“名缰利锁”束缚，对褒贬毁誉斤斤计较，患得患失；一个人变得野心勃勃，贪得无厌，为了争权夺利陷入钩心斗角，就有可能泯灭良知。所以，做人要有分寸，要能坚守原则和底线，保持自己的道德水平，坚守内心，对别人厚道，对自己亦如此。唯有不受名利的奴役，看清名利的力量，合理运用名利，我们才能够真正成为名利的主人。

只是现实社会五光十色，到处充斥着炫人的诱惑。对于名利这些东西，太多人只是嘴上说说“视名利如粪土”，当真正面对时，却还是忍不住要争一下、抓一抓。尽管最后可能把自己弄得身心疲惫，但下一次还是免不了会这么做。

乾隆皇帝下江南时，曾问金山寺的一位高僧：“长江中的船只每天来来往往，如此繁华，一天到底要经过多少条船？”高僧答道：“这里只有两条船，一条为名，一条为利。”

名与利，始终与人生挂钩。人的衣食住行离不开金钱，活着也势必要争一口气，渴望扬眉吐气、有所作为，但若把追逐名利当成人生的唯一目标，人就成了名利的奴隶。

一个人到沙漠寻找宝藏，苦走了几日，宝藏没有找到，却已水尽粮绝。没有食物，没有水，没有力气，他绝望地躺在沙漠里等着死神的降临。

临死的那一刻，他默默地向天祈祷：“神啊，救救我吧！我还这么年轻，真的不想死。”

神真的出现了，问他：“你想要什么？”

他急切地说：“食物，水，哪怕一点点就好。”

神满足了他的要求。在吃饱喝足之后，他又继续向沙漠走去。幸运的是，没走多远，他就找到了宝藏。贪婪的他把宝藏一股脑儿全装进自己的口袋。可是，这个时候的他已经没有了足够的食物和水，无法走完剩下的路。为此，他只得带着宝藏往回走。

一路上，他的体力慢慢消耗，不得不扔掉一些宝藏。就这样，他一边走一边扔，最后把身上所有的东西都扔掉了。他又一次躺在地上，等待着死神的降临。

临死之前，神又出现了，问他："你还有什么愿望？"

他说："食物和水，我要更多的食物和水。"

死到临头，依然渴望更多的食物和水。为了捡回那些夺目的宝藏，他已然成了被名利操纵的木偶。放眼望去，我们周围熙熙攘攘的人群中，又有多少人和故事的主人公一样呢？

为了获得更多的财富，拼命地去争，甚至不惜抛弃诚信和原则，任由"金钱"的魔掌掌控自己；为了获得更高的地位，费尽心机地往上爬，甚至不惜抛弃仁义和道德，任由"名利"这根线牵引着自己。明明自己是为了名利奔波，却还以为是自己在掌控命运。殊不知，命运早已将他们交给了名利和欲望，他们随时可能成为名利的牺牲品。

每个真正聪明的人，心中都应有一把尺，衡量自己走过的路，判断自己该做的事，在分寸之间追求成功，脚踏实地去做人，永远不变成名利的奴隶，更不会为了名利而违背做人做事的原则。

那么，如何才能让自己在名利面前不卑不亢、坚守本心呢？

很简单，行事有分寸，心中有节制。简单地说，就是对功名利禄、金钱美色、得与失等，能以理智的态度对待，不是什么都追求，也不是什么都在乎，而是能够平静地对待生活，对待身边的人和事，做到得到欣然接受，失去也能泰然处之，在鲜花和掌声中不忘形，在冷嘲与热讽面前故我依然。仔细想想，人生在世，名利本就是身外之物，生不带来，死不带去，根本没有必要看得太重。你一刻不停地追求和索取，也难以获得满足。相反，它只会不停地给你造成烦恼和麻烦，甚至引诱着你陷入贪欲的深渊，忘了做人之本，以致身败名裂。

为人处世，无论何时都应懂得把握分寸和尺度，胜不骄、败不馁，喜悦不至于忘形，悲痛不至于自弃。常怀一颗淡泊的心，我们才能始终保持一份独有的安宁和坦然，才不会在物欲横流的社会失去最真的自我。

这里说的淡泊不是要我们一门心思贪图安逸、不思进取，而是要我们学会节制欲望和野心，行事有分寸，在正确和有度的欲望驱动下，不断提升自我，不至于沦为名利的奴隶。做个淡泊的人，保持淡泊的心，就能抛开名利的束缚，让人性回归本真状态，从而获得心灵上的纯净和自由，在平和中收获成功。

缺憾才是本相，放弃你对完美的幻想

人都会有不足，生活中总会有缺憾，不必对自己求全责备，心宽了，很多事情就简单了，生活也就变得明朗起来。

俄国作家车尔尼雪夫斯基说："既然太阳上也有黑点，人世间的事情就更不可能没有缺陷。"也就是说，缺陷体现了有血有肉的真实与自然，彰显了事物本身的魅力。

抱有完美的幻想，往往容易把简单的问题复杂化，最后只得沮丧、羞愧地承认自己达不到完美的标准，从而因受阻而感到无力与自卑。接受不完美的缺憾，才是客观和唯物的态度。如此，一切顺应规律，回归本初。

这个世界上所有的缺陷与遗憾都是"被上帝咬过一口的苹果"，这样的比喻是何等新奇而幽默，又是怎样善解人意。它来自这样一位盲人的故事：

有一个从小就双目失明的孩子，一直在为这一缺陷而倍感沮丧。他悲观地认为自己这两只"瞎了的"眼睛从一开始就是不完美的，且再也没有能力扭转。于是，他放弃了任何追求，浑浑噩噩地消度人生。

某日做梦，偶遇一位智者，开导他说："世上每一个人都是被上帝咬过一口的苹果，都是有缺陷的人。有的人缺陷比较大，是因为上帝特别喜欢他的芬芳。"

盲人突然从梦中惊醒，恍然大悟，心情顿觉开朗起来。从此，他把失明看作上帝对自己的特殊偏爱，振作奋斗，不断向命运挑战。后来，他成为一名远近闻名的优秀按摩师，为许多人解除了病痛。他的事迹也被写进了当地的小学课本。

人类历史上有太多的天才俊杰"被上帝咬过一口"：失明的文学家弥尔顿，失聪的大音乐家贝多芬，不会说话的天才小提琴演奏家帕格尼尼。也许，由于上帝的特别喜爱，他们都被狠狠地"咬了一大口"。

其实，追求完美本身无可厚非，我们可以把它视作一种浪漫的憧憬与希望，或是生活的一个过程和体验。但如果把浪漫凌驾于现实之上，把幻想寄托于现实之外，一味地追求某种超越人生现实的终极完美，那么，自我人生悲剧的序曲就开始奏响了，接下来的生活必将在一种虚无的痛苦中凌迟自己的生命之躯。

我们生活的目的在于发现美、创造美、享受美。人如果紧紧盯着完不成的极限、遥不可及的梦想，最后只能在自己的苛求中抓狂，备受折磨。君未见：尼采想要和太阳一样，结果他疯了；断臂的维纳斯却能流芳至今，正是"美中不足"成就了它的经典。

对于人类而言，我们提倡这种"美中不足"是符合自然规律的。从某种意义上讲，人是"没有完成"的动物。未完成则是一种人生常态，也是一种积极心态。生活中有很多的遗憾和缺陷，如能以积极健康的心态来面对，也不失为人生的另一种完美。

曹雪芹写完《红楼梦》的第一稿后，万没想到竟然不慎遗失，其遗憾之深足以让他悲恸欲绝。不得已，他重新写过，第二稿才得以问世，可最后留下来的仅仅是前八十回。

舒伯特的交响曲《未完成》只有两个乐章，明显不同于一般至少有三个乐章的交响曲。后人一再试图续写，却终告失败。值得玩味的是，这“未完成”的曲子在古典音乐史上却比任何“完成的”被认为更接近完美。

由此，我们可以说：对完美抱有片面的幻想，不免要走向狭隘。这不仅是对自己，也是对他人，因为当我们总是想着要做到最好的时候，也就不知道该如何下手了。或者犹豫不决，或者专注细节而忽略全局，往往不能清晰地分辨自身所处的环境，极易忽略现实生存环境的影响，从而使自己徘徊、挣扎于现实与理想之间而难以自拔，甚至沦丧。

另外，对凡事都有完美意识的人，往往也会要求他人他物达到自己心中拟定的理想标准。当这种要求不能达到时，他便会产生痛苦和偏见，使自己孤立于超完美意识的藩篱之中，同样沉沦不拔。

我们应该认识到，一个人若真的达到了“完美”的程度，从某种意义上说，便是一个可怜的人。因为他永远无法体会有所追求、有所希望的感受，也永远无法体会接收到别人带给他一直梦寐以求的东西时的喜悦。

正所谓“水至清则无鱼，人至察则无徒”。就像在文物鉴赏领域，有这样一个普遍而简单的道理：鉴别一件宝物是真品还是赝品，其中一点就要看它有没有瑕疵；真正天然形成的宝物，或多或少都要有点遗憾之处，而非像人工仿制的那样完美无缺。

事物的发展、演变都有其自然规律，正如春光苦短，夏日暑长，秋季萧瑟，冬风凛冽，一年四季都会有遗憾。那么，在漫长的人生道路上，我们也不可能总是一马平川。放弃对完美的幻想，你就会少一些烦恼，人生道路也会走得更顺畅一些。

篇五

让：共事的智慧与风度

第十章

为而不争：把该做的事情做好，把纠纷的灾祸避掉

一纸书来只为墙，让他三尺又何妨

除非是深仇大恨，才要对别人穷追猛打；除非是法庭上的严肃辩论，才需要据理力争。在我们的平常生活中，即使自己一方有理，也要容忍三分，用宽广的胸怀感化对方，而不是死盯住对方不放。得理也要饶人，会使人与人之间相处得更加和平友善，把整个社会变得更加和谐。

如果是别人无心犯的错，你就没有必要将它放在心上，而应该

大度地原谅他；如果别人是故意伤害你，你也不要一味地寻求报复，正所谓“得饶人处且饶人”。能够得理饶人才是聪明的人。

清朝康熙年间，人称“张宰相”的张英在京城做官。他为人豁达，心胸开阔，很少与人斤斤计较。他的老家有个邻居，是一个姓叶的侍郎。这个人比较爱算计，喜欢占小便宜。

有一次，叶家重建府第，将两家共用的墙拆去并侵占了三尺，而且不以为然。张家自然不服，所以两家有了争端。张家立即发鸡毛信给京城的张英，要求他出面干预，而张英不但没有插手，还作诗一首劝慰家人：

“千里家书只为墙，再让三尺又何妨？万里长城今犹在，不见当年秦始皇。”

张夫人收到张英的回信，当然是见诗如见老爷，随即命令家人退后三尺筑墙。叶家看到张家主动退让，非常钦佩张家的涵养，为了表示敬意，也退后三尺。每家都向后退了三尺，这样两家之间的距离就变成六尺。这六尺宽的距离就形成一条小巷，并因此得名六尺巷，被百姓传为佳话。

张英没有因为自己有理而咄咄逼人，他的豁达与礼让感动了邻居，也成就了六尺巷的美名。你对别人的尊敬也会赢得别人对你的尊敬，互敬互让一定是由一方的主动开始的。

退让表面上看是吃亏，但事实上由此获得的收益要比你失去的还多。这正是一种成熟的、以退为进的明智做法。

汉朝时期，南阳太守是一位叫刘宽的人，他为人宽厚仁慈，心地非常善良。他对待手下和百姓非常宽容，从不穷追猛打。每逢小吏或是百姓做错了事，他都只让差役用蒲鞭轻轻责打，以此表示警告。他在老百姓心中有着相当不错的口碑。

刘宽的夫人听人说丈夫很得民心，并不十分相信，她想看看刘宽是否真的像百姓所说的那样。为了试探刘宽，有一天，她让婢女在刘宽和属下一起办公时，端着一碗肉汤走出来，当走到刘宽旁边时，装作不小心的样子把肉汤泼到刘宽的官服上。如果是其他官员，必定会把婢女责打一顿，或者臭骂一通。刘宽不仅没发脾气，反而还问婢女有没有烫伤手。由此足见，刘宽为人宽容的度量确实超过一般人，刘夫人看后是心悦诚服了。

还有一次在大街上，有个人看见刘宽驾车的牛，硬说是自己的牛。倘若换了别人，一定会据理力争，竭尽全力保护自己的财产。可刘宽什么也没说，叫车夫把牛解下给那人，自己步行回家了。

后来，那人找到了自己的牛，便把刘宽的牛还给刘宽，还一个劲地向他赔礼道歉。刘宽找回了牛，非但没有责备那个人，还好言好语安慰他一番，叫他不必担心，他不会怪罪于他的。

刘宽每次被人误解，或者被人捉弄，都不是因为自己的过错，但他总是能得理还饶人，可见刘宽的度量真不小。他感化了人心，也赢得了人心。

得理也需让三分，说明要理解和容纳他人的缺点，这样才会受到他人的欢迎，拥有亲密的朋友，受到更多人的拥戴。

宽容别人的错误是一种修养、一种德行，更是一种处世的学问。得理时更加饶人，则显示了一种境界。如果我们都有这种宽容忍让的心态，与他人之间的关系就会变得更加和谐、美好。

别因面子让你多一个对手

常言道：“人有脸，树有皮。”这里的脸是指人们的面子，它特别受人们重视。的确，每个人都爱面子，也都时刻想着如何维护自己的面子。

因此，在你拼命维护面子时，千万不要忽略别人的面子。因为面子也像物理学中的力一样，是相互的，只有给别人留足面子，反过来才能给自己创造出面子。

给人留面子是体现你尊重对方的一种方法。马斯洛在其需求层次理论中提到：“人有被尊重的需求与自我价值实现的需求。”什么是尊重？给他人留面子，无疑是尊重的一种。什么是自我价值实现的需求？就是想着办法给自己挣面子。可见，面子被人们看得有多重。

倘若你不懂给别人面子，即使你们是好朋友，他也许会变成你的对手。生活中这样的例子比比皆是。

一次会议上，总监曾就某个设计问题当着众人的面厉声质问设计部经理。本来不是一件很严重的事，但是他的语调以及态度带有很强的攻击性，言辞也极为苛刻。事实上，总监只想提醒这位经理在工作中要更认真和严肃。

这位经理在公司中是出了名的好脾气，但是不想在同事、领导、下属面前失面子，竟然和总监吵了起来。两个人在会议上闹得很僵，最后也是不了了之。

这次事件之后，这位经理在以后的工作中经常表现得不是很积极，并且两个月后离开了公司，去了竞争对手的公司。正是由于他的加入，原公司的很多业务被他带走了，那位总监也因自己不给下属面子让公司损失惨重而被老板狠狠地批评了一顿。

不给别人面子，别人就会觉得你不尊重别人，觉得你不够成熟稳重，甚至还会觉得你的人品有问题。这样的人，是很难让下属服气的。给对方留面子是一门艺术，更是一门学问。很多人之所以会让别人丢面子，是因为他们没有给对方留面子。就像故事中的总监，他不仅在领导以及下属面前颜面尽失，而且还失去了一位能力超强的下属。尽管他的初衷是好的，但是这种有损他人面子的行为，却给自己以及公司带来无法预料的损失。

生活中，这种人与人之间留面子的情况，也可以用心理学上的互惠原则来解释。也就是说，事关面子的问题要遵循互惠关系。从心理学上讲，如果你在某种场合给对方留足面子，对方的心里就会有一种负债感，进而想方设法以同一方式或者其他方式还给对方，以放松内心的这种负债压力。这就好比一个朋友在急需用钱的时候，你将钱借给对方，虽然是对方向你借钱，你也非常愿意借给对方，但是对方心理还是会产生负债感，并会想办法尽快将钱还给你，有时甚至带着利息还给你。

人就是如此奇怪的动物，有时他宁可吃暗地里的亏，也可以吃明面的亏，但就是不能吃面子的亏。所以，你要想经营好你的人际关系，就要善于从对方的角度考虑问题，不仅要给对方留面子，有时还要想办法给对方挣面子。这样当你做事情的时候，对方才会给你留面子，并忠诚地做你让他做的事情。

某公司销售岗位上有一位老员工，他兢兢业业地工作了许多年，业绩说不上突出，但始终是中上水平。人到中年问题多，这位老员工也毫无疑问地迎来了中年危机。家里大大小小的事情让他不堪其扰，业绩直线下降。

业绩提高就会得到表扬和奖励，业绩下降迎来的自然是批评和惩罚。连续几个月的业绩下降，让销售部门的主管对老员工的耐心越来越少，甚至私下找到他，对他说，要是下个月业绩再上不来，就别怪他不给他留面子，打算公开批评他了。

结果，这个月老员工的妻子生病了，老员工又要照顾妻子，又要兼顾工作，业绩只有目标的一半。月底召开会议，老员工垂头丧气，等着被批评，甚至做好了离职的准备。没想到，主管在会议上不仅没有批评他，反而还说他照顾妻子一个月还能有之前一半的成绩，着实了不起。谁都会有遇到难处的时候，团队就该有团队精神，互相帮助、互相包容。

从那天开始，老员工比以前更加努力，业绩不仅回到了之前的水平，一段时间后还更上一层楼。至于他当时已经找好下家，准备带着客户信息一起跳槽的事情，他跟谁都没有说。

不论是主管事先得到老员工要跳槽的消息还是顾及旧情给老员工留了面子，最终的结果都是好的。试想，如果主管真的如之前所说不管不顾，在所有的同事面前狠狠地批评老员工，那么他不仅会失去一位得力干将，得到客户名单的竞争对手还会变得更强大。显然，不给别人留面子，只能给自己带来巨大的损失。

在人际关系中，如果你想人缘越来越好，自己有困难的时候，有人来帮助，那么就需要在平时的生活中给别人面子。法国著名作家安东安娜·德·圣苏荷伊在他的作品中写过：“我没有任何权利去做或说任何事来贬低一个人的自尊，重要的不是我觉得他怎么样，而是他觉得他自己该如何。伤害人的自尊是一种罪过，这也包括不给人留面子。”

生活中给对方留面子是一种互助的行为。如果你是一个对面子无所谓的人，那么你就会无意中伤害到身边人的自尊心，很可能会让你的朋友远离你，甚至成为你的对手，你也无法说服他人、影响他人，进而让他接受你的意见或者观点。所以，经营好你的人际关系，最明智的选择，是时时给别人留点面子，事事预留点分寸。这样你在给他人留面子的同时，也为自己铺就了一条通向成功的阳光大道。

别去计较，因利失义不值得

我们每个人都有得失心，都在为了自己的利益拼搏。但是，每一分利益都不是凭空得来的，更不可能在收获利益的同时什么都不需要付出。因此，在计较利益得失的时候，也要注意是否会因小失大。

有些时候，表面上看获得利益不需要付出什么，但实际上，很有可能因为一点蝇头小利破坏了我们的人际关系。这个时候，你获得的利益还值得吗？

甲和乙是很好的朋友。一天，他们一起走在林荫小路上，边走边说，非常开心。

突然，甲在草丛中发现了一样东西，因为阳光的照射，这件东西闪着耀眼的光芒。甲非常好奇，走过去一看，竟然是一把新斧头。甲非常高兴，就对乙说："你看，我捡到了什么？"甲边说边把斧头晃了晃。

乙说："这下好了，我们有一把新斧头了！"

乙非常高兴，但是甲却说："不要说'我们'，而是'我'。"

甲本来兴奋的心情马上变为不满，乙也感受到了甲情绪的变化，开始沉默不语。

甲和乙继续向前走，再也没有刚才的谈笑风生了。没过多久，丢了斧子的失主就从他们的身后追了过来。

甲长叹一口气："这下看来，我们要遇到麻烦了！"

乙听了之后说："别说'我们'，是'你'遇到了麻烦。你刚开始捡到斧头的时候，并没有说是'我们'捡到的斧头。"

只要脸皮够厚，心思够黑，在生活、工作中，总是有很多便宜可占。每个人心中都有属于自己的道德底线，没有做不代表不会做，更不代表看不穿。自以为聪明，通过一些小手段不断占别人便宜，等到对方忍无可忍的那天，不仅会被反噬，周围圈子的人际关系也会一起崩塌。

小张刚刚走上社会，成为一家公司的实习员工。独在异乡为异客的他，薪水不多，手头总是紧巴巴的，想要吃点好的都得精打细算。但是没多久，他就发现了一个满足口腹之欲的办法，那就是搞聚餐。

每个星期，办公室里关系比较好的几个年轻人都会找一家饭店聚餐。大家觉得AA制伤感情，于是每次都轮流结账。小张认为这是个"吃好喝好"的机会，也加入了进去。至于结账，他可从来都没想过。要知道，就算每两个月轮到他一次，一次花费500元，他也舍不得。有这500元钱，自己多吃几顿好的不香吗？

为了逃避结账，小张可谓智计百出。有时候，他谎称自己有事，中途离席。有时候，则在结束的时候谎称尿急，等到别人结过了账再匆匆出现。用得最多的自然是醉酒，因为醉酒不仅不用结账，有好心的同事还会送他回家，不仅白吃一顿大餐，还省下了打车钱。眼看实习期就要结束了，小张不禁沾沾自喜，自己的好日子还在后头呢。

这是小张转正前最后一次聚餐，同事们说为了庆祝小张转正，找了家平日里从没去过的高档餐厅。小张别提多开心了，他想要来这家尝尝不知道有多长时间了，现在终于得偿所愿，还不用自己花钱。

酒过三巡，菜过五味，小张故技重施，醉倒在餐厅包间的沙发上。听着同事们陆续穿上外套，按照往常的经验，一会结过了账，就会有人来搀扶他，把他送回家。没想到，等了半天，同事没有等到，餐厅的服务人员倒进来了。

服务人员把他叫醒，要他结账。小张顿时傻了眼，这怎么跟原来的剧本不一样呢？没办法，他只好结了这一餐2000多元的费用。等他打开手机，想要质问其他同事怎么把他一个人丢下的时候，发现他已经被移除了公司的微信群。

第二天到了公司，他也没有机会和同事们对质了，因为他得到通知，同事们纷纷表示小张自私自利，缺少团队精神，难以合作，他转正失败了。

没有谁是傻瓜，能够成功占到一些小便宜，不是因为谁比谁聪明，而是因为其他人选择了信任，不愿意斤斤计较罢了。一旦这种信任失去，想要弥补几乎是不可能的。况且，习惯斤斤计较、占小便宜的人，思维会形成定式，直到身边只剩下和他一样的人，也难以醒悟。

我们处在社会中，不再是单一的个体，更不会茕茕孑立、形影相吊，每天都接触各种各样的人，和不同的人合作。我们要做的是，别去斤斤计较，别在意那一点点利益，因这一点点利益破坏了人际关系，就太不值得了。更何况，喜欢占便宜的名声传开了，即便悔悟了，想要重头再来也没那么容易。

受人滴水之恩，当涌泉相报，人都是有感情的动物，如果我们能对身边的人多一些关怀，多一些帮助，那么就很容易让他们对我们形成非常好的印象。尤其是在职场中，很多人认为，在这个充斥各种利益关系的场所，各走各路才是金牌准则，岂不知你不去帮助别人，总是自私自利，就是在得罪人。

有人会觉得，我占的便宜也不多，都是些三瓜两枣的事情，谁会放在心上。占他人便宜的人，往往会用这种说法当作借口。钱数不多，利益不大，对方不高兴，反而是他在斤斤计较了。然而，在被占便宜的人心里，可不是以价值来计算得失的。对方只会记住次数，特别是一直被占便宜的人，即便钱数极少，“一直”这件事情也会成为心头的刺，让人难受。

所以，别去斤斤计较一点点的利益得失。今天帮同事带瓶饮料，明天同事帮你买个零食，一来一往之间，关系就会慢慢增进。如果抱着占便宜，甚至一点都不愿意吃亏的想法与人交往，关系就只能停留在公事公办上，难以更近一步。

以德报怨，把香气留在别人脚底

我国古代有幅名画叫作《踏马留香》，其意思是说，花草被马蹄践踏，不但不怨恨，反而把香气留给马蹄。

这是中华文化一直以来所倡导的一种道德准则——以德报怨。宋代政治家、诗人王安石也曾有诗写道："风吹瓦堕屋，正打破我头。瓦亦自破碎，岂但我血流。我终不嗔渠，此瓦不自由。"意思是说，瓦片掉落下来砸到别人的头并非它的本意，我们又何必怨恨它呢？

或许很多人对此难以理解，明明被别人欺负，不但不怨恨对方，反而还要和善以待，这是何道理？其实，这就是我们自古以来所倡导的"以德报怨"的道理。正如《马太福音》中的这条教义：当有人打你的右脸时，你应该把左脸也转过来让他打。

战国时期，魏国与楚国是邻国，在两国交界的某个地方盛产瓜。住在那里的农民，都喜欢种瓜。

魏国一个叫宋就的大夫被派遣到这个地方做县令，上任没多久就遇到了麻烦事。原来，那年春天天气干旱，田地里缺乏足够的水来灌溉，村民们种的瓜长得很慢，长势一直不见好。村民们非常担忧，如此下去今年的收成肯定会很糟糕。

于是，魏国的村民便自发组织了一些人，每天晚上挑水到地里浇瓜。一连浇了几天后，魏国村民们的瓜苗渐渐有了起色，长势明显比楚国村民们的要好。楚国的有些村民看到魏国人的瓜苗长得比自己的好，便起了嫉妒之心，趁着夜色跑到他们的地里践踏瓜苗。

魏国村民发现之后，非常气愤，决定要报复楚国村民，也跑去踩踏他们的瓜苗。宋就听说后，连忙把村民们聚到一起，安抚他们说道："以我之见，大家最好不要去踩他们的瓜苗。"

那么辛苦劳作才培育出来的瓜苗，就这样被无缘无故毁坏了，村民们哪里咽得下这口气，根本就听不进宋就的劝告，大声嚷嚷道："凭什么就这样让我们被欺负，难道还怕他们楚国人不成？"

宋就耐心地解释道："不是这个意思。如果你们一定要去报复，那么最后的结果顶多是解了心头之恨，可想过以后吗？以后他们肯定不会善罢甘休，会再来毁坏瓜苗，你们这样互相破坏下去，最后都不会有一个好收成。"村民们这才冷静下来，皱起眉头问宋就："那我们该如何是好？"

宋就说："这样吧，你们以后每天晚上去浇地的时候，就顺便帮他们也浇一浇，最后会是什么结果，到时候自然就会知晓。"村民们带着疑惑听从宋就的吩咐去做了。

几天之后，楚国的村民发现魏国的村民不但没有记恨他们，反而帮他们浇瓜，羞愧得无地自容，自此之后再也没有做出毁坏魏国瓜苗的事情。此事后来被楚国县令知晓，上报给了楚王。

楚王原本想伺机攻打魏国，听说此事后，深受触动和不安，随即主动派人给魏国送去很多礼物，对魏国以示友好往来、和睦相处，并对宋就和当地的村民大加赞赏一番。宋就和当地的百姓也因为促进了两国之间的和平，受到了魏王的重赏。

如果魏国的村民们没有听从宋就的建议而执意以怨抱怨，结果恐怕就是瓜苗尽毁，两国之间甚至会爆发可怕的战争，最后民不聊生。

因此，当我们受到别人的伤害时，若能以德报怨，结果也许会更好，甚至还有意想不到的惊喜回报。

以德报怨虽然让我们气愤难平，也付出了微小的代价，但换来的也许就是对方的醒悟、理解和信任，甚至心甘情愿地为我们付出更多，这也不无可能。

当然，以德报怨是一种高尚的道德情操，但从其实效性看，奉行这种道德准则，未必就能给我们带来明显的利益，在有些情况下，它并非最优的处世准则。

要以德报怨，最重要的是要了解对方的道德水平。世界上不是所有人都知道反思，都有愧疚之心。当你选择以德报怨的时候，总会有人觉得你软弱可欺，不仅不会扭转对你的态度，反而会变本加厉。因此，在选择以德报怨的时候，人们要做好两手准备。

以德报怨不能获得我们想要的结果，那不妨在下一次选择以直报怨。正如那首歌唱的一样，“朋友来了有美酒，豺狼来了有猎枪”。以德报怨展现了我们宽容的胸怀、以和为贵的心态，以直报怨则展现了我们拥有反击的能力和强硬的态度。

当然，以牙还牙、以眼还眼不是我们想要看到的结果。冤冤相报何时了，通过以德报怨宽恕对方的过错，以真诚和善良化干戈为玉帛，才是我们为人处世最好的办法，也是中国人该有的分寸。

与人相处，不争一时之气

生活中，见到别人发脾气恐怕是我们每个人经常遇到的事。我们也经常看到有人因为发脾气，最终把事情搞得一团糟。究其原因，不是这个人的能力不够，更不是这个人不善于和他人沟通，而只是因为这个人一丁点的坏情绪，就导致出现不可收拾的残局。

与人交往，总免不了产生一些摩擦或者矛盾。在这些不愉快面前，人和人处理问题的方式各不相同。如果一个人心胸豁达，懂得包容和宽恕别人，那么，他眼中的世界永远是阳光明媚、积极向上的。与之相反，如果一个人总是心胸狭隘，喜欢和别人斤斤计较，凡事针锋相对，这样既容易伤害对方，又会让自己变得缺少朋友，以后有了什么困难，也难以找到辅助自己的人。

有这样一则小故事，可以说明这个道理：

小雪刚刚拿到驾照，上班通勤的时间大大减少，有些时候稍微开快点，甚至能拐去自己喜欢的咖啡店买杯咖啡再去公司。最近，她又发现了一个节省时间的办法，那就是加塞。只要在转弯时旁边车道两车之间车距较大，她就敢打转向灯，插过去。

这一天早上，小雪又打算去买杯咖啡再去上班，到转弯的时候，发现旁边一辆车与前车车距很大。机不可失，时不再来，小雪赶紧打开转向灯，正要插过去，对方却好像提前知道了她的意图一样，稍微加快了车速，缩短了与前车的距离。连续几次，小雪想要加塞，都没有成功。这可把她气坏了，“我还不信了，今天这个塞我非加不可！”之后，她又看到一个机会，心一横，就把车头别进了对面两车之间。

就在她为加塞成功而得意的时候，车后突然传来一阵猛烈的冲击，小雪的车在强烈的冲击下横了过来。

“他怎么不让着我啊？”小雪心里想着，怒气冲冲地下了车，打算和对方好好理论一番，让对方赔自己修车钱。

没想到，对方根本不跟她说话，直接掏出手机报了警。此时，小雪还抱着侥幸心理，告诉交警自己正常行驶被对方追了尾。没想到，对方的行车记录仪完完整整地记录了她违规变道的全部过程。就这样，小雪的车不仅要修上好一阵，她还要支付一大笔修车钱。

生活中像小雪这样的人并不罕见，他们总是无理争三分、得理不让人、小肚鸡肠，直到自己因此吃了亏方才醒悟。

我们都知道古希腊伟大的哲学家苏格拉底，有一个关于他的故事是这样讲的。一天，他和老朋友在雅典城里一边散步，一边愉快地聊天。

忽然有位愤世嫉俗的青年出现，用棍子打了他一下就跑开了。他的朋友看见，立刻回头要找那个家伙算账，但是苏格拉底拉住他，不让他去追。朋友奇怪地问道：“难道你怕这个人吗？”

“不，我绝不是怕他。”苏格拉底说。

“那么，为什么人家打你，你不还手？”

此时，苏格拉底笑着说：“老朋友，你糊涂了，难道一头驴子踢你一脚，你也要踢它一脚吗？”他的朋友点点头，不再说什么。

荷兰哲学家斯宾诺莎说过：“人心，不是靠武力征服的，而是靠爱和宽容征服的。”人非圣贤，孰能无过，得饶人处且饶人。

两人相斗，你若由他，或许是为今后留得了一条康庄大道；但若睚眦必报，不依不饶，便是在无形中为自己筑起一道墙。正如清朝“红顶商人”胡雪岩所言：“饶人一条路，伤人一堵墙。”

第十一章

巧而不辩：没有人能在争吵中获益，赢下一局树下一敌

高明者不争辩，争辩者不高明

在日常生活、工作中，我们经常会看到两个人为了某件小事情争得面红耳赤，甚至大打出手，最终闹得惨败收场的情景。比如拥挤的公交车上，两人因为踩脚或者抢座而恶语相向；同事之间因处理问题的方法不同而发生激烈争执，从此横眉冷对，形同路人；朋友之间因为误会，从此断交……

这些冲突，不仅解决不了实质性的问题，而且会严重影响人际关系，甚至结下仇恨。这是非常不必要的。

古语说：“水至清则无鱼，人至察则无徒。”人与人之间发生的矛盾，出现观念上的分歧，如果硬要弄个水落石出，有个定性的说法，往往会适得其反。

所以，对待一些无关紧要或者非原则性的问题，我们大可采取宽容、不计较的态度，避免无谓的冲突。这是我们的生存智慧。

春秋战国时期，孔子遇到过这样一件事情：

一天，一个穿绿装的人来拜访孔子，碰巧孔子外出不在家。

在等候孔子回来的期间，这位穿绿衣服的客人想先考考正在门外扫地的学生。他走到学生面前问道：“请问，你是孔子的弟子吗？能不能向你请教一个问题呀？”

孔子学生回答说：“我是孔子的学生，请问您想请教什么问题？”

客人便问道：“请问一年中共有几个季节？”

孔子的学生很疑惑这位客人为何问如此简单的问题，他莫名其妙地看了看对方，说：“一年中当然分为春、夏、秋、冬四个季节了。”

听完孔子学生的回答，客人直摇头，他反驳道：“不对，一年中明明只有三个季节，你怎么能说是四个呢？”

孔子学生听后，胸有成竹地争辩道：“不！是你搞错了，一年的确有四个季节，我老师也是这样说的，一定是你搞错了！”

客人毫不示弱地回敬道：“别人都说一年只有三季呀，是你错了！”

就这样，两个人争来争去，也没争出个结果来，于是那客人提出：“要不我们打个赌吧！”

孔子的弟子自信地说：“赌就赌，那你说赌什么？”

客人便说：“假如确定一年有四个季节，我给你磕三个响头；假如确定一年只有三个季节，你给我磕三个响头。你看怎么样？”孔子弟子二话没说，就答应了客人。

话音刚落，孔子就从外面回来了。孔子学生急走向前请教老师：“老师，一年到底有四个季节还是三个季节？”

孔子看了客人一眼，转过身回答弟子说：“一年有春、夏、秋三个季节。”学生顿时傻眼了，那个客人非常得意，说道：“我说一年只有三个季节吧，让你不相信，既然你错了，赶紧给我磕三个响头吧。”

孔子的学生看了老师一眼，无奈地给客人磕了三个响头，客人开心地走了。

客人走后，学生不解地问孔子：“老师，你以前明明告诉我一年有春、夏、秋、冬四个季节，怎么今天又改口说只有三个季节呢？”

孔子笑了笑，对学生说道：“你没看到那个人全身都是绿色的吗？其实，他是一只蚂蚱，春天生，秋天就死了，根本活不到冬天，所以，在他眼里，一年永远只有他所经历的春、夏、秋三季。你和这样的人无休止地争吵下去，是不会有任何结果的。与其妄自伤神，还不如吃点亏磕三个头，成人之美。一举两得，何乐而不为呢？”

听完孔子的教导，学生恍然大悟。

从上面这个故事，我们不难看出，与他人进行无谓的争辩，发生无谓的冲突，是非常不明智的。这不仅解决不了任何问题，而且会让自己显得愚不可及。只有尽力避免，才能使我们排除干扰，不为无谓的事情伤神。

那么，日常生活中，我们应该怎么做才能避免和他人发生无谓的冲突呢？这里，给大家介绍几种有效的方法。

首先，当冲突一触即发时，应试着及时转移话题。罗斯福总统对待他的反对者，常常会和颜悦色地说：“亲爱的朋友，你到这里来和我争论这个问题，很好！但在这个问题上，我们两人的见解自然会有不同的地方，让我们换个别的话题来讲讲吧！”

这种首先亮出“免战牌”的方法，能够有效地避免无谓的冲突。

其次，认清自己，建立高水准的自尊。俗话说得好：“阎王好惹，小鬼难缠。”稍加留意，你会发现，在人际交往中，身份地位越高的人，往往更容易相处，而那些不上不下的人，反而会刻意刁难他人。

所以，如果我们想要避免无谓的争论，就应该建立高水准的自尊，提高自身的内涵层次，培养宽阔的胸襟。

此外，如果总是和他人发生无谓的冲突，不仅无济于事，还会自贬身价。

最后，对他人做到“低压力”。如果我们想要对方接受自己的意见，而又不发生无谓的冲突，则应放弃威胁和强迫的手段，转为冷静陈述的方法，让对方感觉你不是在对他施压，将他逼到绝地。

如果使用威胁强迫的硬手段，只会让对方产生逆反心理，造成双方不必要的冲突。

要明白，避免无谓的冲突，不是要你屈服于他人的观点和情绪上的压力而放弃自我，努力做事才是王道。

美国总统克林顿就在白宫发表过一次演讲，说道：“如果要我读一遍针对我的指责，再逐一做出相应的辩解，那我还不如辞职算了。我在凭借我的知识和能力努力工作，而且始终不渝。如果事实证明我是正确的，那些反对的意见就会不攻自破，如果事实证明我是错误的，那么就算有十个天使说我是正确的，也无济于事。”

无休止的争论和冲突不仅解决不了问题，反而会让事情变得更糟。要知道，实践才是检验真理的唯一标准。

孰是孰非，不一定非要有个定论

当你的朋友不问青红皂白把你狠狠地批了一顿后，尽管你不断地告诉自己要冷静，但还是免不了要肝火上升，同朋友辩论不休、据理力争。这是一种很自然的行为，同样也是 种很不成熟的表现。

为什么这么说呢？因为争辩的结果，你永远都不会赢。有人也许会有疑问，为什么不会赢呢？明明真理就在我的手中，我怎么会得不到胜利呢？励志大师戴尔·卡耐基写的一个关于他的故事，能很好地解答这个问题。

一次，卡耐基请了一位装潢设计师，让他为自己布置一些窗帘。当账单送来时，卡耐基大吃一惊。

过了几天，一位朋友来卡耐基家里做客。看到那些窗帘，他随意地问起了价钱。当听到价钱后，他愤怒地说道："太过分了，我看他占了你的便宜。"

卡耐基知道朋友说的是实话，但他跟一个普通人一样，觉得让别人知道自己被人占了这么大的便宜有损自己的智慧，于是开始为自己辩护。他说，贵的东西终究有贵的价值，你不可能以低价钱买到高品质的东西，等等。

第二天，另一个朋友来卡耐基家做客。当看到那些窗帘后，他也随意地问起价钱。不过当他听到价钱后，他不是说卡耐基被骗了，而是赞扬那些窗帘非常精美。这时，卡耐基的反应完全不一样，他说："说真的，我上当了，我付的价钱太高了，我后悔买了它们。"

卡耐基的第一个朋友说的是事实，但是卡耐基却觉得这是在侮辱自己的判断力；第二个朋友说的不是事实，但卡耐基听到耳朵里，却觉得很悦耳。这说明，有时候，真理即使在你的手里，你也很难赢得胜利。

与人争辩更是如此，只要争辩一开始，就已经没有了赢家。如果对方是正确的，自然会据理力争，咬紧不放，你会因为没有道理而落于下风成了输家。如果对方是错误的，羞刀难入鞘，开始提高音量，用似是而非的道理诡辩，最后双方闹得面红耳赤，场面十分难看。到了这个时候，即便你在争论中赢了又如何呢？在其他人眼里，你依旧是场面上难看，和那个失败者一样，是没风度、没修养的人。所以说，争论一旦开始，就已经没有赢家了。

陈华没想到自己26岁的生日宴会上竟然会发生令自己不高兴的一幕。

那天，为了庆祝生日，她把在同一个城市的好朋友都请来了。

宴会上，有一个叫张峰的人，说要给大家带来一首张学友的《冰雨》。当张峰唱完后，有一个叫李强的人走过来对他说："你说错了，《冰雨》不是张学友的歌曲，是刘德华的。"

张峰觉得自己没有错，坚持说这就是张学友的歌曲。

李强看他如此坚持，就叫他问别人，看看到底谁错了。

大家看张峰和李强如此争执，都知道不管是回答张学友还是刘德华，都会让另一个人觉得很没面子。所以，他们要么说不知道，要么就说不是很清楚。

李强觉得很奇怪，《冰雨》是刘德华的歌曲，几乎是三岁小孩都知道的事，他们怎么会不知道了呢？

最后，陈华实在看不过去，就走了过去，对他们两个人说道：“你们是来给我过生日的，《冰雨》是张学友的歌曲还是刘德华的，有那么重要吗？”

这时，张峰和李强才发现，他们犯了一个很大的错误，就是总想证明自己是对的，别人是错的，而忽视了来这里的真正目的。

与人争辩，你永远不会赢，即使你赢了，其实也是输了，因为你证明自己确实比对方聪明，这就等于在直接地打击他的智慧、判断力、自尊心和荣耀。如果对方不肯服输，就一定在等一个你出丑的机会，再狠狠地奚落你。做生意及做销售的人会经常这样对自己说：“永远不要与人争辩。”因为他们知道，跟人争辩的时候，自己的情绪会受到很大波动，这样的谈判得到的结果往往会比自己的预期相差太多。

永远不要跟别人争辩对和错。集科学家、发明家及文学家于一身的本杰明·富兰克林对这一点很是赞同。他说：“如果你一味地去争强、去争辩，即使你占了上风，这种胜利也是得不偿失的，因为你永远无法获得对方的认可。”为人处世，我们要想得到别人的认可，就要避开争辩，最好的方法就是要懂得退让。记住，千万不要和别人做无谓的争辩，因为那样既得罪了别人，又落不到什么好处。

得饶人处且饶人，有理也需让三分

人非圣贤，孰能无过？不管我们多么小心，也难免会在生活中、工作上出现一些错误，影响到其他人。如果对方肯一笑而过，大方地原谅你，你会怎么想呢？“他可真好，真是个善良的人。”日后对方有需要帮助的时候，相信你一定乐于还这个人情。如果对方咄咄逼人、不依不饶呢？即便你知道是自己的错，还是难免会产生负面情绪，认为对方的人品有问题。那么，在他遇到麻烦的时候，你多少会有一点幸灾乐祸的想法。

“有理也需让三分”，不仅是一种宽容的心态，也是一种善良的美德。

那是一个很平常的上午，一个妇女到农贸市场去买菜，她后面站着一位老人，由于市场人流量非常大，所以在拥挤的时候，她一不留神，一脚踩到老人的脚后跟上。

“你干吗呢？”老人怒目而视，大声地质问道。

妇女赶忙向老人道歉："大爷，对不起啊！我不是故意的，你看人这么多。"

"我不管你是故意的，还是无意的，总之我的鞋被你踩脏了，总是事实吧。"

面对老人的不依不饶，妇女只好不停地道歉。结果，很多人围了过来。当知道事情的原因后，他们纷纷指责老人。老人觉得没有什么意思，只好不情愿地走了。

故事中的老人被踩脏了鞋子，脚踝可能也被踩得隐隐作痛，生气是难免的，但是生气要有限度，对方已诚恳地道歉了，此时再继续争执下去，就显得有些不近人情了。

原本的受害者，在咄咄逼人的一面暴露出来以后，反而成了加害者。原本的加害者，在表现出真诚和弱势后，反而得到了更多的同情。所以，得理不饶人，有时候会让旁观者的态度反转，让你成为那个被声讨的人。

"得理不饶人"会缺少人情味，有理也会变得无理。从表面上看，你摇动着胜利的旌旗，实则你已经慢慢地走向失败。

"得理且饶人"，就是见好就收，它不仅让对方觉得你可敬可亲，也为自己设了一台阶，留了条后路。否则一旦以后别人得了理，怎会轻易放过你？由此来看，"得饶人处且饶人"是智者的行为，是仁者的智慧。

这是一个在美国马里兰州流传很广的故事，很多人也许会认为这一定是发生在美国的故事，但实际上，这个故事发生的地点是在中国上海的一家大饭店。

一天上午，一个叫罗伯特的美国小商人突然闯进经理室，他生气地对经理说道："你就是经理吗？我刚才在大门口摔倒了，你们的地面怎么这么滑，太危险了，我还没见到这么差劲的饭店，马上带我去医务室……"

面对客人的不断指责，经理不仅没有生气，而是非常客气地说道："真的很抱歉，你的腰还疼吗？我们马上带您去医务室，请你稍坐一会儿。"

罗伯特坐在椅子上后，继续抱怨。经理这时拿出一双舒适的拖鞋，温和地对他说道："请您把这个换上，它能让你稍微舒服一点，我们这就带您去医务室。"

检查很快就结束了。罗伯特没有什么问题，他也很冷静地跟经理回到经理室。

经理还是温和地对他说："没问题比什么都好，因为我们的饭店给您造成的麻烦，我再对你说声抱歉，请喝杯茶吧！"当罗伯特喝了一口茶后，经理把他的鞋还给了他。他把鞋穿上后，发现似乎有点不一样了。

经理和气地说道："很冒昧，我们擅自修了你的鞋。不过，你这双鞋的后跟确实已经很薄了，我刚才叫了一个人把它送到楼下修鞋的地方换上橡胶后跟。这样一来，你就不会因为地板太滑而滑倒了。"

罗伯特听了经理的话后，很高兴地说道："谢谢你的好意，您的关怀我不会忘记的。"经理送他出门时说："如果这件事我们做得有些不妥，请你忘记吧，欢迎您再来。"

罗伯特回到美国后，经常在圈子里讲起他的这个故事。时间一长，圈子里的人几乎都知道中国上海有这么一家饭店。每当他们来到上海的时候，第一选择也是这家饭店。

这本来是一件特别小的事，但是由于饭店经理的退让，饭店的生意变得越来越好。一个小小的矛盾没有升级，结局皆大欢喜，这是最让人欣慰的地方。

试想，如果饭店经理面对罗伯特的抱怨，直接说："这不是我们饭店地面的问题，而是你的鞋跟太薄了。"这虽是事实，但是罗伯特听到这样的话，肯定会不高兴，而且觉得相当丢脸，出了这家饭店后，以后肯定不会再住进来。

还有一个更可怕的结果是，每当他向别人提起中国的这次旅行时，他或许就会无意地说：“我真倒霉，住进了一家服务如此不好的饭店。”看到了吧，得理不饶人，其实受到伤害的不是对方，而是自己。

每个人都应该对别人多一点宽容和谅解，特别是别人的错是无心犯的，你就更没有必要把它放到心上。如果别人是故意伤害你，你也不要一味地寻求报复。正所谓“得饶人处且饶人”，才是真正的有智慧。

给别人面子，就是在照顾自己的“脸面”

鲁迅先生说：“面子是中国精神的纲领。”好面子，几乎是所有人的毛病，连面子都不顾的人，通常会被大家讽刺为“不要脸”。

所以，有深度的人早就警告世人，“打人不打脸，骂人别揭短”。你不给别人面子，别人就可能和你“撕破脸”，最终只会互相伤害、两败俱伤。

如果你想和别人友谊天长地久，那么就要懂得照顾对方的感受，尤其是要给足面子。很多时候，面子对一个人来说，不是一种软需求，而是一种硬需求。虽然现在早已不是那个不吃嗟来之食的迂腐时代，但即便是在街上乞讨的人，也不愿意抛弃自己的面子。中国人是非常讲究礼尚往来的，你给别人面子，别人自然也会给你面子。

当然，也有人说，面子不是要明码标价的，只要开的价格足够高，落面子算什么呢？话虽如此，但你在不给人留面子的时候，开出合适的价格了吗？更何况，即便你仗着自己能开价的权力落别人的面子，那么等将来人家不需要你的时候，又会不会报复回来呢？

言语中给人留面子，就相当于给自己留面子。所谓风水轮流转，谁又能保证自己永远是高高在上的那一个呢？更何况，很多时候，我们不知道别人手中有什么样的底牌，所获得的信息往往也真假难辨，又怎么能确定自己就真的一定比对方强，不会反过来被对方“打脸”呢？

如果什么时候，我们都能做到凡事有分寸，懂得给别人留面子，那么自己定然不会丢面子的。与人方便，自己方便，给别人面子，其实是在照顾自己的“脸面”。

有一位文化界学者，每年都会被某一专业领域的杂志社邀请，参加杂志年终评鉴工作。这份工作虽然没有多少报酬，但胜在知名度高，是一项难得的荣誉，对树立个人品牌形象大有好处。很多人贴钱想参加都进不来，也有人只参加一次，就再也没有机会了。

有人问他为什么能够年年被邀请，他始终笑而不语，直到退休那年，不再参加评选工作，才讲出了其中秘诀。

他说，比他专业能力强的人很多，比他职位高的人更不少，他之所以能够年年得到人家的青睐，是因为晓得给别人留面子。

他说，在公开的评审会议上，他一定会把握一个原则：多称赞，多鼓励，少批评。会议结束后，他会私底下单独找杂志编辑聊天，婉转地指出他们编辑上存在的不足。虽说杂志名次总有先后，但如此一来，每个人都不尴尬。就是因为他总能保全别人的面子，承办该项业务的人员和杂志编辑对他都很友好、尊敬，当然每年都找他当评审。

中国人就是这样好面子。你给别人面子，别人就给你面子；你让别人尴尬没面子，小事可以翻脸，大事则可能闹出人命。如果你只顾及自己的面子，不顾及别人的面子，一定不会受到欢迎；如果你处处使人难堪，别人肯定有一天要你好看。

三国祢衡，才高八斗，聪明是聪明，就是城府太浅，情商不够。

曹操招他，他端起架子自称狂病，不肯前往，且多有狂言。

曹操派人再召，并决定给祢衡个下马威，故意不给弥衡设座。祢衡一下子狂气勃发，仰天大喊："这天地之间，怎么就没有一个人呢！"这话明显是冲着所有人去的，在场的诸位有一个算一个，谁听见了，就算骂到你了。

曹操生气归生气，还是决定以理服人，就说："我帐下文武无数，皆是当世英雄，何谓无人？"

祢衡轻蔑一哼，"就他们？荀攸只配看守坟墓，程昱守大门倒不错，郭嘉能念念诗词，张辽可以用来打鼓，许褚适合放牛，徐晃可用来杀狗，等等"。这下子，曹操帐下的人都想一刀剁了他，张辽拔出了刀，曹操更是恨得牙根直痒痒。但因为祢衡的才气和名声，曹操不能杀他，否则会落下不能容才的坏名声，最后强行把他送到刘表那里去了。

刘表一开始把他奉为上宾，让他掌管文书，十分信任他。但祢衡就是改不了目空一切的毛病，说起话来夹枪带棒。刘表本来就气量狭小，自然不能容忍祢衡这般放肆和无礼。但他有城府，知道曹操是想借刀杀人，他才不担这个恶名，于是又把祢衡打发到江夏太守黄祖那里去了。黄祖是个大老粗，性子急躁，刘表是想效仿曹操借刀杀人。

祢衡初到江夏，黄祖对他也很优待，然而他又故态复萌。一次宴会上，他说黄祖是一个木偶，让黄祖在众宾客面前非常没面子，于是骂了他两句。他疯劲上来了，大骂黄祖是个"死老头"。黄祖生气，要打他，祢衡更是大骂。黄祖气愤到极点，就下令要杀祢衡。

消息传到许昌，可把曹操乐坏了，说："让你毒舌，自找死路，该！"

做人做事，如果不懂得给人面子，处处使人尴尬，理解你的人知道你没有恶意，大不了骂你一句“白痴”；不理解你的人，就会觉得你“不上道”，甚至是在“搞事情”。你不给别人留余地，最终自己也会没有余地可留。

所以说，讲话要有分寸，讲究尺度。懂得给别人留面子，就是在照顾自己的“脸面”，这是中国人的一种分寸。毕竟每个人都有自己的雷区，一两次还好，如果总是落别人的面子，一旦触及他人雷区，就别怪别人不给你面子了。

留白是最高明的画技，沉默是最高明的“话技”

在中国画中，有一种艺术表现方式叫作“留白”。简单来说，就是在绘画作品中，恰当地留一些空白，让人可以任意发挥想象。这样的艺术气息只有在国画中才能体会，也是国画最大的魅力所在，这是中国人的分寸。这一技巧同样可以运用到说话中，很多时候，适时地沉默往往比喋喋不休地争辩更有力量。

有这么一则有趣的寓言故事：

很久以前，驴和马是好朋友。它俩为同一个主人工作，每天的工作就是拉磨。每次拉完磨后，主人都会犒劳它们一顿丰盛的饲料。

驴是一个非常懒惰的家伙，它每次都偷懒，不仅活干得慢，而且时间也没有马干得久。但每次拉完磨吃饲料时，驴都会吃得比马多。它的理由是：“你的身体比我强壮，我要多补一补”“今天可把我累坏了，我要不吃多点，明天肯定干不了活”，等等。

马非常老实，起初还相信驴的说辞，但时间久了，它也明白驴是故意说的。然而，每次它想说服驴好好工作，不要偷懒时，都以失败而告终。

磨坊里的小老鼠见马干得多，吃得少，就给马出了一个主意。它说：“每次驴提前与你换班时，你都保持沉默。每次它要求多吃点你的饲料时，你也什么话都不说。”

马不清楚小老鼠为什么让它什么话都不说，心想，它说话时都被驴欺负，不说话岂不是会被欺负得更厉害？不过，它见小老鼠一副高深莫测的模样，就决定按照小老鼠的话去做。

这一天，驴依旧提前要求换班，它滔滔不绝说了很多理由，但马从始至终没有说一句。驴弄不清楚马是怎么想的，别无他法之下，它再次拉磨，一直到超过规定的换班时间了，才再次对马说要换班，马这才替换了它。

拉完磨吃饲料时，驴又故技重施，想要多吃点马的饲料。可是，任凭它的理由说得多么冠冕堂皇，马都沉默不语。最后，驴看见马皱起眉头，吓得什么话都不敢说了，还连忙将自己的饲料分给了马一点。

此后，驴再也不敢占马的便宜了。

这是一则很有深意的故事。驴之所以乖乖听话，甚至是主动工作久一点，多给马吃一点饲料，一方面是因为心虚，另一方面是因为马的沉默让它捉摸不透马内心的想法，害怕身强体壮的马会踢它一脚。这就是沉默的力量。

当我们与人谈判，尝试说服他人时，往往喜欢唾沫横飞，口若悬河，试图用自己的口才征服对方。殊不知，有时沉默才是让他人信服的利器。

有心理学家研究发现，长时间地沉默会给人造成极大的心理压力，因为沉默一来使人没有安全感，二来人性向来排斥沉默，这就使面对沉默的人常常沉不住气。正因如此，许多谈判高手在说服他人时都会打出“沉默”这张王牌，让对方在自己的沉默下主动投降，从而打赢这场说服战。

需要注意的是，沉默不是一个劲地不说话，它需要把握时机，呈现出沉着冷静、大权已握的姿态。这种姿态可以迫使对方沉不住气，从而先亮出底牌，最后再妥协。换位思考一下，如果你在说服别人时，一个劲地喋喋不休，而别人从始至终都是气定神闲、不为所动，你是否会觉得无所适从，不断想象最差的结果，甚至选择妥协？

如果说留白是最高明的画技，那么沉默无疑就是最高明的“话技”。沉默虽然是无声的，但它却无声胜有声，所展现出来的力量比任何话语都更加强劲。只要将沉默运用得当，它比任何精心设计出来的语言都更让人信服。

爱迪生是一位非常著名的发明家，自动发报机就是他的发明之一。

自动发报机被发明之后，爱迪生一直想要卖掉这个发明，想要用卖掉的钱建立新的实验室。可是，他对市场行情一点也不了解，也不知道他的这项发明能卖多少钱。他的好朋友得知他的烦恼后，笑着对他说：“沉默会给你一个满意的价格。”这话让爱迪生立马茅塞顿开。

后来，一位商人找上爱迪生后，想与爱迪生谈价格。他问爱迪生：“你给出的价格是多少？”

爱迪生沉默了一会儿，反问：“你能给我的价格是多少？”

商人开了一个价格，爱迪生沉默着。见此，商人以为爱迪生不满意，于是又将价格抬高了点。这一次，爱迪生依旧沉默。之后，商人再次抬高价格。

这期间，爱迪生虽然沉默，但却一直打量商人的神情，直到商人皱起眉头，按捺不住后，他才点头同意了商人开出的价格。

原本爱迪生心中预算的价格是2万美元，但他的沉默让他多赚了8万美元。这也使他感受到沉默的力量居然如此之大。

爱迪生的沉默以对，让商人觉得他是对自己开出的价格不满。因为猜不到爱迪生是想卖还是不想卖，而他自己又想买，无奈之下只能主动抬高价格。爱迪生一直用沉默将价格抬到商人的最高价格底线。正如他的朋友所说，沉默会给你一个满意的价格。但若是爱迪生一开始就开出自己的底价，按照商人好利的个性，一定会压低价格。即使爱迪生说再多的话，他也无法说服商人多出价。

俗话说："废话是土，沉默是金。"很多时候，沉默是我们赢得说服战的有力武器。沉默是一件隐形斗篷，它能遮住一个人内心的真实想法，这会让对方无法探知你的底牌。当别人慌乱之时，你沉着以对，一场说服战，谁的手段更高一筹，结果显而易见。可见，沉默往往比针锋相对更让人敬畏，也比滔滔不绝更有说服力。

第十二章

博而不知：你聪明是件好事，但不要强调你的优越感

得意莫仰首，仰首有祸患

春风得意马蹄疾，当我们做出一些成就、取得一些成绩的时候，自然会觉得很开心。毕竟每一个成就都是我们努力得来的，是才智的体现。但是得意也要讲究分寸。头仰得太高，就看不见脚下的路，只要一颗石子，就能让你摔跟头，甚至沿着下坡一刻不停地滚落下去。

明代有个叫沈万三的“全国首富”，据说他有上万顷田产，还开了无法计数的店铺。用一句话来概括，沈万三太有钱了，

简直富得流油。

朱元璋定都南京后，打算重修都城。由于连年战乱，国库亏空，他只好向富人借钱。沈万三财大气粗，主动承担了一半的财务开销。虽说作为商人的沈万三此举有自己的道理，他以为这么做算是帮了皇上一个大忙，以后有皇上这个大靠山，自己的日子就更好过了。

想到这儿，沈万三的得意之情溢于言表。他还特意与皇上的工程同一天开工，并且先完工。

不仅如此，沈万三在修筑帝都三年后深觉“不过瘾”，于是又申请“自掏腰包”犒赏三军，他拿出近百万两纹银犒赏军队中的每个兵士。

沈万三认为，这样皇上会更开心吧。让他没想到的是，朱元璋出身贫苦，再加上心胸狭窄，终由妒而恨，心想区区一个匹夫，不但修都城早于自己完工，还随意犒赏军队，天理不容！

这下，沈万三就遭殃了。从那时起，朱元璋下令向沈万三征收重税，相当于亩产的一半多。最后，沈万三落得发配云南的下场，再也未能回到故土江南。

沈万三的经历就是最好的例子。他在拥有大量财富以后，只顾仰头炫耀，忘记了自己的身份，忘记了眼前的危险。不管是修都城还是犒劳军队，表面上看都是好事，实际上，这不是他一个商人应该做的事情。当他看不到上下尊卑这样的分寸时，祸患自然就不远了。

不管是在生活里还是职场上，取得成功的时候，我们都要注意人际关系的变化。你的成功意味着他人的失败，一块蛋糕就那么大，你分到的越多，别人分到的就越少。即便低调行事，那些敏锐的对手也可能将你当成眼中钉，你成功后表现出的扬扬得意就更加惹人恨了。

虽说人不遭妒是庸才，但敌人总是少得好，朋友总是多得好。即便你已经获得成功，也千万不能忘记要跟更多的人成为朋友，减少敌人的数量。

那么，当我们取得成绩的时候，应该怎样做呢？曾子的表现就很值得学习。

曾子不止一次地提到自我反省。他说："我每天都会自我反省多次，为别人做事是否尽心竭力了？和朋友的交往中，是否做到了诚实？老师传授的功课是不是复习了？"一次，曾子对学生子襄讲什么是勇敢，直接引用了孔子的话。他说："我曾听孔子说过什么才是最大的勇敢：自我反省，正义不在自己这边，即使对方是普通人，我也不去恐吓他；自我反省，假如正义在自己这边，即使对方有千军万马，我也勇往直前。"

我们要向曾子学习，取得成功后，仍然不能忘记自我反省。难道这样的成功就是我们的极限了吗？就不能再取得更好的成绩了吗？当然不是。我们在成功时自我反省，能够发现更多的不足。如哪个细节还能做得更完美一些，哪个错误其实是可以避免的。这样不断反省，才能让下一次成功来得更快、更澎湃。

千万不要有一点成绩就只顾着得意扬扬地向他人炫耀，不顾分寸。这样做不仅会停下前进的脚步，还会招致他人的嫉恨。到时候不仅你的能力会原地踏步，人际关系上还会处处受阻，下一次成功就变得万分艰难了。

收起你的优越感

人外有人，天外有天，当你产生自满情绪，觉得自己比别人都强的时候，事实往往并非如此。不是每个人都要把自己的优秀摆在台面上，更不会轻易地跟他人炫耀。一旦炫耀失了分寸，不仅展现不出你能力、成就方面的优越，反而让人看到你人品上的低劣，让人敬而远之。

大学毕业后，魏东来到温州一家服装公司工作。因为能说会道，能力不错，没几年他就被提拔为小主管，收入还算可观。每次回老家，亲朋好友都会夸他年轻有为。久而久之，魏东也觉得自己非常有本事。

这天，魏东接到高中班长打来的电话，说要举办一场同学聚会。魏东想也不想就答应了。他觉得，自己在高中和大学同学中，混得应该是比较不错的，他想向同学们炫耀一番。

聚会当天，魏东穿着西服，带着价值不菲的手表，开着车一路从温州回到老家。聚会上，同学们一见到魏东，一个个羡慕起他来。

“老同学，你这块手表看着不错。”

“你真有眼光，我三万多块买的，法国货，一般人买不到。”

“你身上这套西服也很高档吧？”

“一般般吧，这件还算普普通通的，我家里还有比这更贵的。”

……

魏东的这些话一出口，有些同学就皱起了眉头。

魏东俨然将自己当成聚会的“主角”。他没有意识到自己的炫耀惹来同学们的不满，假意摆摆手说：“这些东西比起我在温州买的房子和车子，根本不值得一提。”

有人好奇地问：“温州的钱有那么好赚吗？”

魏东继续夸夸其谈：“温州的钱，说好赚也好赚，说不好赚也不好赚，关键看个人能力。”

“老同学，现在你是我们同学中混得最好的。”有人感叹地说。

魏东听后，得意地说：“上学时，我就一直比你们成绩好。”

结果，魏东发现同学们对自己的态度越来越冷淡。他开始感叹世态炎凉，“这些人太小心眼了，一个个嫉妒我比他们优秀，就孤立我，他们就见不得我混得比他们好……”

魏东的抱怨真的是让人哭笑不得。他为什么不受欢迎？为什么被人孤立？真的是因为他太“优秀”了吗？答案想必大家都已经心中有数。换位思考一下，如果你身边有像魏东这样的人，自视甚高，喜欢炫耀，总觉得高人一等，你会喜欢和他沟通吗？恐怕只会嗤之以鼻。

每个人都想要变得优秀，这种优秀是获得他人认可的证明。归根结底，炫耀的本质就是渴望能被他人认可，而失去分寸的炫耀，反而会起到相反的作用。众星拱月在人们看来是理所应当的，但是过于耀眼的就不是月亮了。之所以会有众星拱月，是因为月光明亮而温和。至于光耀万物的太阳，人们只会远远地赞美它，而不会选择靠得太近。更别说人人都想要变得优秀，想要成为那个发光体。

不讲分寸，拼命地炫耀自己，让自己看起来更加高大，本意可能不坏，但实际效果却不好。你看起来越是高大，他人就显得越是渺小。每个人都有自尊心，都想要建立自信心。当你的“高大”与他人的“渺小”形成对比时，他人的自尊心就会被伤害，自信心也会受到打击。那么，你作为一个无意中的加害者，受到他人的敌视就不奇怪了。

如果你是一位画家，你可以用画作来证明自己的绘画本领；如果你是一位音乐家，你可以用演奏来证明自己的天赋；如果你是一位能人，你可以用优秀的成果证明你的天才。

如果你觉得有些场合不通过自我吹嘘就无法展示自己的伟大，只能说明你的光芒还不够闪亮，你也不适合在这个场合吹嘘自己在某个领域取得的成就。正如一句话所说：“真正自信的人是不会通过傲慢去展现自己的，只有无知的人才会当众粉饰自己。”

想在众人面前表现自己，获得他人的赞美与认可，这无可厚非。但除了炫耀自己的能力、成绩，认真的态度、公正的处事、与人为善等更显得你有素质、有修养。在此基础上，走进对方的内心就不再是难事。

有一位女主持人，虽然掌握着采访的主导权，但她的言语从来都是谦和的，声音总是温和的，然后不慌不忙地把自己的观点一一道来。

曾经有人质疑她的风格太过温情，缺少硬朗、尖锐的一面，但她却不以为然：“在语言上压住嘉宾是很容易的事情，但这不是我的风格，嘉宾来做节目就是我的客人，我必须以礼相待。”

的确，这位女主持人说话的时候，那种自然温和的声音，总能让人放松下来。嘉宾会滔滔不绝地讲，很愿意把故事告诉她。她的声音具有一种亲和力，而这种亲和力能够影响他人，让人有一种找到“知音”的感觉，忍不住与之交流。

失了分寸，过度自我炫耀，只能引起他人反感，对你产生本能的戒备。这样的沟通事倍功半，对自己是很不利的。如果你能心态平和，将展现的机会留给对方，将沟通的方向控制在自己手中，就能更容易地达成沟通的目的。省时省力又能获得好人缘，何乐而不为呢?

收敛情绪，不要和别人抬杠、较劲

在这个世界上，绝大部分人是好人，是善良的，有一颗热心。看到他人有错误的行为、不正当的举动时，他们难免会出言劝告。在工作当中，人们有不同的看法、不同的理解，得出不同的意见，也是很常见的事情。不能达成一致，就需要沟通解决，而在沟通过程中，使用的语气不同，就会产生完全不同的结果。一旦语气过于强势、阴阳怪气，失去正常沟通应有的分寸，即便你是对的，对方也会难以接受。

企业家牛根生说："你如果拿五分的力量跟别人较劲，别人会拿出十二分的力量跟你较劲。"可偏偏有人就好这口，凭着一张三寸不烂之舌，凡事都能讲出个"一二三"来。可实际上，却不一定能让别人买账。这是因为，一个会说话的人会很讨人喜欢，但是一个"没理搅三分"、爱抬杠的人，不见得会受欢迎。这是因为任何人都喜欢对方的话语中充满温和的感觉。

我们看看下面这个在职场中“抬杠”的案例。

范敏在一家企业担任会计职务。由于工作时间长，她自恃资历老，学历高，平时在单位不仅爱和同事抬杠，也喜欢与领导“顶牛”。

有一回，领导安排她抓紧时间去税务局报税，可范敏却认为，上司不懂财务，纯粹是瞎指挥。

于是，范敏就磨磨蹭蹭地迟迟不动。

领导见状对她说：“再不报，就要罚款了。”范敏却说：“怕什么，我做了这么多年的会计还不懂？”

领导又说：“作为我部门的员工，你要服从领导对你的工作安排。”听上司这么说，范敏有点恼火地说：“我来这里工作的时候，你还不知道在什么地方待着呢，凭什么让我听你的！”

领导也有些气恼，但考虑到周围还有一些同事，便强压火气，没有发作。

但是，同事们看在眼里，对范敏议论纷纷——

平时和范敏关系不错的两个同事急忙劝她，其中一个说：“你这是怎么了，平时和我们抬抬杠就算了，居然和自己的顶头上司顶牛……”另一个说：“长此下去，上司肯定会炒你的鱿鱼，给你穿小鞋的。”她们打算好好劝劝范敏。

一天，那两位关系不错的同事，把范敏叫到一家咖啡馆，对她好言相劝，上司毕竟是上司，你这样和她抬杠，让她如何下台？

谁知范敏不但没领情，反而更来劲了：“就咱这领导，还用巴结吗？”两位同事说：“你不巴结没关系，但也该尊重她啊。其实，你心眼很好，但就是说话太冲，这样难免会得罪人的。”

没想到，范敏听完反而讥讽地说道：“她的水平你们也看到了，让我怎么尊重她！先说年龄，她 28 岁，我 34 岁，她不如我长。再说学历，她是高中没毕业，参加工作后，混了个大专学历，我却是正规院校毕业的本科生。再说工龄，她比我差好几年。她一天到晚就知道搞搞上上下下的关系，而我辛辛苦苦埋头做账。你们说说，就她这样的人还对我指手画脚，能让我服气吗？”

同事说：“这些方面人家是比你差点，可人家的协调能力比你强！”

范敏说：“除了协调和上级的关系，我看她的协调能力也比我强不到哪儿去！”

就这样，范敏与劝她的两个同事，你一言我一语地抬杠。她一句劝告的话也听不进去，弄得大家面面相觑，无言以对。

半年后，范敏就被单位开除了。

由此不难看出，喜欢抬杠较劲绝非一件好事。本是些工作中的小事，却因为爱抬杠、爱顶牛，而影响了自己的人际关系，甚至葬送了自己的前途。

如果你是个喜欢抬杠的人，现在不妨回头想想，那些你与他人争得面红耳赤的事情，真的值得动用如此澎湃的情绪吗？真的值得你花费那么多的时间和人抬杠吗？其实，引起一场争执的事情往往就是一些芝麻绿豆的小事，抬杠不过是因为争执起来失了分寸，情绪升级。

超出分寸的激烈情绪，会给人留下更加深刻的印象。一场争执发生后，大家都会忘记事情的起因，忘记谁对谁错，只记得谁是那个爱抬杠的人。给他人留下这样的印象，想要拥有良好的人际关系，可就变得很艰难了。

有些事情很难分清对错，站在不同的角度，能看见不同的东西，得出不同的结论。因为这种与大是大非无关的问题，与人抬杠是完全不值得的。如果他人是带着发泄情绪的目的与你抬杠，在不损伤自己利益的情况下，你不妨微笑着赞同他的观点。在旁人眼中，自己显然是那个更有风度、更有分寸的人。千万不要因为一时之气失了分寸，变成和对方一样的人。

由于人和人所受的教育、成长环境和性格特征不同，出现矛盾也是在所难免的。喜欢凡事与别人争个对错，大有不分上下、誓不罢休架势的人，结果不但落得个没人缘，而且事情也办砸了。精明的人都懂得求同存异，在小矛盾中忍让一步，不与人发生口角，这样会更容易结交朋友，生活自然会因此而快乐很多。

失意人面前，不说得意话

夸耀自己的成功是人之常情，在与亲朋好友见面的时候，谈论一下自己新近的成绩、生活的改善，这没有什么不对。但是我们谈论时过度炫耀，会给人际关系带来负面影响。过度炫耀，指的是不仅过于夸赞自己，贬低他人，更意味着炫耀双方差距较大的部分是一件很没有分寸的事情。简单来说，就是在失意人面前，别说得意的话。

如果对方的生意正在面临危机，你却谈自己多么富有；如果对方为了工作艰苦跋涉，好几顿没有填饱肚皮，你却说某某五星级酒店的蟹宴多么美味……这时你会被认为是没有口德。这样的自我夸耀除了满足自我暂时的虚荣外别无所获，对方也不会因此对你另眼相看。

周天是个计算机高手。一次去朋友家做客，吃完饭后，朋友请他教自己编程序。于是，周天十分简练快速地演示了一遍，接着朋友照他的方法也做了一遍。

做的过程中，朋友几次抓耳挠腮，始终觉得很困难。周天看到对方痛苦又好笑的样子，大笑起来，嘲笑朋友如此愚钝，还一直强调“我那时怎样怎样”。之后，周天就一直讲述自己在计算机方面多么有天赋，设计程序多么简单，等等。

朋友虽然表面没有说什么，但心里其实十分恼火，之后再也不与周天来往了。

其实想一下，如果你是那位计算机菜鸟，当你碰到一个计算机高手在你面前讲自己是如何有天赋的话，是不是也会感到生气和厌烦？对方正遇到难题而失意，你却在旁边得意扬扬地炫耀自己有多厉害，这样的行为怎能让人喜欢得起来呢？

每个人都有处于人生低谷的时候，都有做事不顺的时候。当别人失意的时候，我们要注意自己说话的语气及内容，不要说得意的话。对方已经因为跌落低谷而受了伤，你的得意无疑是落井下石、伤口撒盐，给对方带来二次伤害。

当朋友失败时，你也不要摆出一副成功者的姿态对其进行总结教育。失意的人，心里已经够苦了，你再以一副成功者的姿态说些教训的话，会让他更受打击。不管你的出发点有多么好，在他人看来，你都是在高高在上地炫耀自己，是居高临下地看不起对方。每个人都有自省的本能，做错事都会总结一些经验，很多事情是不需要别人以得意者的姿态指出来的。

一天，张娥邀请了几个朋友到家中做客。她是有目的的。原来丈夫阿福的公司目前经营不善，会计又和副经理携款而逃，公司面临倒闭的危机，阿福整天闷闷不乐，总觉着自己用人不善，非常自责。张娥看到眼里，疼在心里，她知道丈夫白手起家，很不容易。于是，她请了几个阿福的大学同学来劝劝他，希望阿福的心情能好一点。

来的人都知道阿福目前公司的状况，所以大家都尽量避免提起，只是高兴地回忆大学时光，然后诉说着刚毕业时就只是想找个好点的公司踏踏实实地打工，从来不敢奢望自己创业。大家吐着苦水，谈论着自己目前的困难。阿福听着同学们的诉说，心里也十分感慨。他没想到大家都这样不容易，顿时觉得自己还不至于那么差。这样想着，阿福的心情变得舒畅多了。

可是酒入酣处，一个朋友就忍不住夸自己知人善用，短短两个月，公司的业绩就翻了一番，把自己比喻为刘邦，说刘邦为什么能成功，就是因为他知人善用。他一脸的得意样，让周围的人看着都恶心。

阿福的心情又开始变得糟糕起来，头也没有勇气抬起来了，只是一个劲闷着喝酒，最后实在听不下去，就下了逐客令，怒气冲冲地把这些人赶了出去。关上门后，夫妻二人面面相觑。阿福坐在沙发上，铁青着脸，一句话不说，心情比原先更差了。张娥没想到会弄成这样的局面，心里非常厌恶那个得意者。

后来，阿福公司的经营状况渐渐好转，他以后再也没有跟那个得意者来往过。

在失意者面前说得意话，最终丧失了彼此的友谊，从此不相往来，可见在失意者面前说得意话是多么令人厌烦。所以，我们应该学会控制自己。

诚然，每个人都有虚荣心，都想成为被别人称赞的那个人，所以这个世上也就有了“拍马屁”“戴高帽”的说法。“拍马屁”和“戴高帽”属于一个愿打一个愿挨，彼此心甘情愿地承担后果，而不是在失意者面前说得意话那样被动。

失意的人正处在脆弱、敏感的阶段，这时候他需要的是安抚与陪伴，而不是知道他没有做好的事情你比他做得好，他没能成功而你却成功了。所以这个时候，谈论得意的话题，都会让失意者认为你不尊重他、瞧不起他。你说的这些话，就是为了证明你有多好，他有多糟糕。

面对这种情况，他在心里对你产生敌意，甚至会极端地想“破罐子破摔”，行为冲动，让人付出生命的代价，也不是不可能的。相反，如果我们在别人失意的时候，能够恰当表达我们的安慰，或许我们就能够得到一段友谊，至少是赢得失意者的好感。

所以，无论什么时候，我们都要有平常心，静坐常思己过，闲谈莫论人非，不要总是想着夸耀自己，尤其在那些失意者面前或者那些不如你的人面前。

世事无常，人活一辈子，谁又能一直成功，从不掉落低谷呢？试想，如果你失败了，其他人还在你面前炫耀他的成功，你会怎么想？如果你之前在他人失意的时候炫耀过，如今遭遇的一切不正如一发击中自己的回旋镖吗？己所不欲，勿施于人。

现在社会中，真正有才能的人不会那样炫耀自己，聪明的人总是把低调作为自己为人处世的准则。正是这些低调的人，越来越得到人们的尊重和爱护。所以，在失意者面前说话要有分寸，至少不说得意话来刺激失意者。每次用得意的话刺激失意者，都可能让你多个敌人。讲究分寸，谨言慎行，则可能让你多一个朋友。不管是少一个敌人，还是多一个朋友，一定比你自我炫耀获得的更多。

别拿别人的尴尬事，当成你高谈阔论的谈资

幽默是最好的沟通技巧，它既能展现你的聪明才智，又能让交际场合的氛围变得轻松愉快。因此，很多人喜欢在人际交往中说一些无伤大雅的玩笑让交际变得更容易，让自己的目的更容易达到。但有些时候，并不是这个玩笑越好笑就越能收到理想的效果。

人们常说，理不歪，笑不来。我们不是专业的喜剧演员，不是经常站上舞台的幽默大师，一些临时想到的幽默玩笑，很可能会因为考虑不周而冒犯其他人。你觉得好笑，对方却觉得自己被冒犯了，满心都是愤怒、尴尬，面红耳赤，说不出话来。这时候，你还能达成社交目的吗？因为你不恰当的玩笑，整个社交场合的气氛都会变得尴尬起来。

因此，开玩笑最重要的是分寸，适度地玩笑往往能为彼此的交流带来意想不到的好效果，别人也会因为你高情商的幽默感而对你刮目相看。以他人缺陷当笑话、低级庸俗的笑话、发生在他人身上的糗事，并不是好的笑话。拿这些事情开玩笑，不仅会让人看轻你

的品位，更是让人不敢轻易与你为伍。

特别是发生在他人身上的糗事，或许在你看来无伤大雅，但对他人来说，可能是一生都不愿意再回想起的尴尬场面。你拿朋友的糗事来活跃气氛，不仅让朋友尴尬，还有拿老朋友的尴尬讨好新朋友的嫌疑，很容易被打上背叛者的标签。

张林和常笑在同一家公司任职。两人是同年毕业的大学生，又是同年进入这家公司，现在还合租一间公寓，关系特别好。不过，两个人的性格有些不同，张林比较活泼、爱热闹，而常笑是一个做任何事情都谨小慎微的人。

一次，参加公司组织的露营活动时，大家围坐在一块边吃边聊，气氛非常好。张林突然笑嘻嘻地说道："嘿，你们知道吗？常笑有个秘密，你们肯定猜不到！"

张林最喜欢这种热闹的场合，他在这种场合中往往会成为"公众人物"。听到他说这话，大家都好奇地打量着常笑，实在不知道他能藏着什么秘密。常笑自己也觉得很奇怪，莫名其妙地看着张林说道："什么秘密？我怎么不知道我有秘密啊？"

吊足了胃口之后，张林才神秘兮兮地笑道："你以为我没发现啊——你腋下有狐臭，一出汗简直能熏死人！"

听到这话，常笑不由得脸色一变："胡说什么呢！我哪里有狐臭！"

张林这时正在兴头上，根本没有注意到常笑的脸色已经变了，还继续笑嘻嘻地说道："得了吧，你别以为你老喷古龙水就能盖住味儿，别人不清楚，咱俩一块住，我还能不知道？你呀，简直堪称'生化武器'！"

话音刚落，大家都哈哈大笑起来，还有几个同事调皮地给常笑取了"生化笑"的绰号。大家嘻嘻哈哈地打打闹闹之时，突然发现常笑抿着嘴不说话，满脸铁青，于是纷纷闭上嘴巴，几个机灵的同事赶紧转移话题，还有几个同事指责张林玩笑开得“过”了。

常笑碍于是在公共场合，没有当众翻脸。但是露营结束之后没多久，常笑便从合租的公寓中搬走了，张林也为自己的玩笑而后悔不已。就因为一个玩笑，他不仅失去一位好朋友，也成了同事们口中“大嘴巴”的人，很多人不愿意与张林共事。

我们之所以喜欢在聊天中加入玩笑，是想让气氛活跃起来。在轻松愉快的氛围中，人会很自然地卸掉紧张及戒备的心理，容易拉近人与人之间的距离。但是，张林的玩笑却深深地刺痛了常笑的自尊心。利用他人的隐私、创伤、尴尬事来找乐子，可见此人自私自利，为了达成自己的目的完全不在意是否伤害到了他人。与这样的人走得近了，风险太大。今天被他拿来找乐子的场景可能会重现，因为自己的利益出卖你，也并非不可能发生。

幽默有调解社交场合氛围的作用，但不讲分寸，用他人的尴尬来开玩笑，很有可能起到完全相反的效果。

几个朋友在一起聊天。一个年轻、身材瘦削的小伙子为了显示自己的幽默，于是就地取材，制造了一个笑话，想逗大家乐一乐。他指着旁边一个身材比较丰腴的胖姑娘说：“你可越长越‘苗条’了，可惜我们中国还没有相扑运动，不然你准是一号种子选手！”他的话刚说完，大家就哈哈大笑起来。

胖姑娘听到这话，本来的好心情瞬间跌到谷底。她本来就因为自己不断发胖而特别苦恼，现在自己的朋友当着众人的面说自己胖，看着大家的笑容，她简直无地自容，想找个地缝钻进去。她觉得自尊心严重受损，必须扳回一局，于是她气急败坏地说：“我是胖，是喝你家水了还是吃你家米了！你也不拿个镜子照照自己，瘦得像根芦柴棒似的！”说完，她拿起包就走了。

大家的笑容僵在脸上，你看看我，我看看你，这个小伙子也觉得十分尴尬。几个人没有心情再聊下去了，纷纷离开。

没有人有义务为了活跃气氛把自己的尴尬与隐私放在光天化日

之下。当你试图拿他人的尴尬制造笑点的时候，应先斟酌一下是不是有些过了，是不是有些不讲分寸了。

当与人交往时，如果不是为了某种特殊需要，不要去“揭”别人身上的“疤”，使其当众出丑。哪怕是有必要说时，也可以采用委婉的措辞向他暗示你已知道他的错处或隐私。

开玩笑是为了增进彼此的感情，它的初衷应该是充满善意的。如果你以开玩笑为借口，借机对他人冷嘲热讽，那么必然会招致他人的反感，甚至得罪人。而这也会让在场的其他人感到气氛尴尬，对你避而远之。

一个高情商的人，懂得以最高级的幽默来化解危机，而不是作茧自缚。

胡乱抢话，不代表你比别人更高明

语言和思维之间有着较大的差别。想要表达自己想法的人，需要一定的时间才能将语言组织好再输出。那些接受输出、听他人表达想法的人，不仅需要时间整理，还需要听对方完整地表达后才能完全明白对方的意思。那么，当你在表达自己观点的时候，当你尝试描绘事情全貌的时候，对方突然打断你的话，抢过你的话头，自顾自地说起来，这意味着什么呢？

如果你与对方不是非常熟悉，没有到那种你话说一半他就已经能明了的程度，那就意味着对方并不真正在乎你的想法，也对你接下来要表达的内容不感兴趣，只是觉得自己格外高明，想要找机会输出自己的想法而已。你的人和你的想法都没有得到尊重，这样的人，你还想和他合作或者交朋友吗？

陈辉决定创业的时候，由于资金准备不足，便有了征集合伙人的想法。一位朋友向他介绍了自己的同事何先生。对方有资金，有人脉，而且有经验，听上去是一个不错的合伙人。于是，陈辉决定约出来见见面。

他们约在一家咖啡厅见面。何先生给人的第一印象还不错，看上去成熟而稳重。在相互打过招呼落座后，服务员很礼貌地询问他们喝什么咖啡。陈辉毫不犹豫地选择了蓝山咖啡，何先生好奇地问他原因。他笑着解释道："蓝山咖啡的咖啡因含量很低，还不到其他咖啡的一半，但是它的味道依然顺滑醇厚……"然而，还未等他说完，何先生就抢着说："一个咖啡哪有这么多讲究，我觉得所有咖啡都是一样的，不过这里的猫屎咖啡最正宗，咱们还是选这个吧！"陈辉虽然很不喜欢猫屎咖啡，但是碍于面子，也没有拒绝。

聊到创业话题时，何先生问陈辉为什么想到了创业。既然决定合伙一起做，陈辉也希望对方能多了解一下自己的初衷和目的，便说道："我现在的工作还算稳定，但是我觉得人生还有无数的可能性，而且我选择的创业方向很有前景……"正当他准备分析一下市场前景时，何先生又插话了："市场前景很好的行业，相对涌现的投资渠道也会较多，竞争会很激烈，而且，现在的区块链还有很多不足，你想过吗？"

"对，创业毕竟是有风险的，这些我们之前也做了考虑。"陈辉回答道，"这段时间我们也安排专人做了市场调研，还找了一家靠谱的咨询顾问公司……"

正当陈辉准备深入阐述时，他再次被何先生打断："我不是不信任你，只是觉得要慎重。"

话一次又一次被人打断，陈辉心里有些不悦，但还是耐着性子解释道："当然，慎重是应该的，结合市场对可行的盈利模式做分析，这是必需。根据我们的调查……"

"我不想了解这些详情，你告诉我，赢利点能有多少？"何先生再次打断他。

后来，陈辉将何先生剔除了意向合伙人的名单。虽然他各方面的条件不错，但是见面聊过之后，觉得他不适合做合伙人。因为他插话抢话的行为让人觉得十分不舒服，这是一个没有礼貌、不尊重人的人，就算合伙也肯定不会愉快。

可能很多人觉得，不就是说话插话、抢话吗？这有什么关系？

那么，不妨将自己代入以下情节中：

当你想出一个绝妙的点子，才说了一半，便被人抢话说了剩下的一半；

当你与朋友说一件新奇的事儿，才开了个头，就被人抢话说其他新奇的事儿；

当你要说一个笑话或脑筋急转弯时，话还没有说完，就被人插话说出了结果和答案；

当你对一个话题阐述观点时，还没有表达完，就被人抢话说了他的观点；

……

在与人沟通时，你充当的是被插话、抢话的角色，还是抢话、插话的角色呢？

如果是前者，你肯定能够理解我的意思，明白那种如鲠在喉的感觉。这不仅是想要表达的想法被人打断，更有一种没有得到尊重的感觉。

如果是后者的话，你就要注意了，因为一两次抢插别人的话，别人可以不甚在意，但经常抢话、插话，再好的交情也会悄悄流逝。你尊重他人，他人才会尊重你。如果彼此之间完全没有了尊重，也就做不成朋友了。

培根说过："打断别人、乱插话的人，甚至比发言冗长者更令人生厌。打断别人说话是一种最无礼的行为。"

的确，沟通应该是一件很愉快的事。你一句，我一句，你说完，我再说，才是沟通的正确打开方式。不管不顾、随心所欲抢话和插话的行为，不但给人一种锋芒毕露之感，它本身也是不尊重别人、自私自利的表现。因为他们总是以自我为中心，更多的是关注自己的需求、自己的利益。

待人有礼貌，说明你接受过良好的教育，有一定的道德水平。随便打断他人发言，显然是不礼貌、没分寸的表现。不管你接下来要说的事情多有趣，也不能剥夺他人发表意见的机会。因为人际交往需要的是沟通，而不是一场表演。沟通永远是双向的，双方都需要知道对方表达的内容，交换思想，求同存异。所以，掌握好谈话的分寸，在谈话过程中避免不礼貌的行为，尊重他人，也尊重自己。